D0925874

La pensée straight

Monique Wittig

La pensée straight

ouvrage coordonné par Sam Bourcier

Éditions Amsterdam
2018

Monique Wittig (1935-2003) est auteure de romans (comme *L'Opoponax*, prix Médicis), de pièces de théâtre et d'essais. Elle fut l'une des fondatrices du Mouvement de libération des femmes, et de celles qui, le 26 août 1970, déposèrent à l'Arc de triomphe une gerbe à la femme du soldat inconnu. Sa pensée reste centrale dans les débats qui traversent les théories féministes et la pensée queer, notamment à travers le travail de Judith Butler. Elle a été professeure, entre autre, dans le département des Women's Studies à l'université d'Arizona, à Tucson.

© Éditions Amsterdam, 2018 pour la présente édition
© Éditions Amsterdam, 2007, 2013

Copyright © Monique Wittig Literary Estate, LLC
Première édition : Éditions Balland, 2001

Couverture © Sylvain Lamy, Atelier 3Œil

15, rue Henri-Regnault,
75014 Paris
www.editionsamsterdam.fr
facebook.com/editionsamsterdam
Twitter : @amsterdam_ed

ISBN : 978-2-35480-175-5
Diffusion-distribution :
Les Belles Lettres

Sommaire

Note de l'édition Balland

NdE : Nous reproduisons ici la note préliminaire ouvrant la première édition de *La Pensée straight* aux Éditions Balland, en 2001, ainsi que les remerciements de Monique Wittig.

Je remercie de tout cœur Sam Bourcier et Suzette Robichon-Triton pour l'énergie et la somme de travail qu'elles ont investies dans la réalisation de cette édition.

L'introduction a été révisée par Monique Wittig.

« La Révolution d'un point de vue » est l'avant-note, révisée pour la présente édition, de l'introduction de Louise Turcotte à *The Straight Mind And Other Essays*, Boston, Beacon Press, 1992.

« Wittig La Politique » est la préface de Sam Bourcier à la présente édition dont elle a assuré la coordination.

« La Catégorie de sexe » a été traduite par Sam Bourcier. Ce texte est initialement paru en anglais, sous le titre « The Category of Sex » dans *Feminist Issues*, vol. II, n° 2 (printemps 1982), et a été repris dans *The Straight Mind And Other Essays*. [Le texte français a été revu par l'auteur pour la présente édition.]

« On ne naît pas femme » est initialement paru en français, dans *Questions Féministes* n° 8 (mai 1980), puis en anglais, sous le titre « One Is Not Born a Woman », dans *Feminist Issues*, vol. 1, n° 2 (hiver 1981), version reprise dans *The Straight Mind And Other Essays*. [Le texte français a été revu par l'auteur pour la présente édition.]

« La Pensée straight » a d'abord fait l'objet d'une communication en anglais dédiée aux lesbiennes américaines, à New York, en 1978. Cet article est initialement paru en français dans *Questions Féministes* n° 7 (1980), puis en anglais, sous le titre « The Straight Mind », dans *Feminist Issues*, vol. 1, n° 1 (été 1980), version reprise dans l'édition américaine *The Straight Mind And Other Essays*. [Le texte français a été revu par l'auteur pour la présente édition.]

« À propos du contrat social » a fait l'objet d'une communication lors des Rencontres internationales sur les cultures gay et lesbiennes, organisées par les Revues parlées du centre Georges Pompidou, les 23 et 27 juin 1997. Ce texte a été publié dans le recueil *Les Études gay et lesbiennes* (Didier Eribon (dir.), Paris, Éditions du Centre Georges Pompidou, 1988). Cette version est une réécriture de « On the Social Contract », initialement paru en anglais dans *Feminist Issues*, vol. IX, n° 1 (printemps 1989), et reprise dans *The Straight Mind And Other Essays*.

« Homo sum » a été traduit par Sam Bourcier. Ce texte est initialement paru en anglais, sous le même titre, dans *Feminist Issues*, vol. X, n° 2 (été 1990), et repris dans *The Straight Mind And Other Essays*. [Le texte français a été revu par l'auteur pour la présente édition.]

« Paradigmes » a été traduit par Sam Bourcier, à partir de la traduction en anglais de Georges Stambolian, parue dans *Homosexualities and French Literature*, (Georges Stambolian et Elaine Marks (dir.), Cornell University Press, 1979), le texte original français ayant été perdu. [Il a été revu par l'auteur pour la présente édition.]

« Le Point de vue, universel ou particulier » a été publié initialement en français comme Avant-note à *La Passion* de Djuna Barnes (Paris, Flammarion, 1982). Ce texte a été publié sous le titre « The Point of View: Universal or Particular » une première fois en anglais dans *Feminist Issues*, vol. I, n° 1 (été 1980) et repris dans *The Straight Mind And Other Essays*.

« Le Cheval de Troie » a été initialement publié sous le titre « The Trojan Horse », dans *Feminist Issues*, vol. IV, n° 2 (automne 1984) et repris dans *The Straight Mind And Other Essays*. Il est paru en français, traduit par Marthe Rosenfeld, dans *Vlasta*, n° 4, Paris, mars 1985.

« La Marque du genre » est parue en anglais, sous le titre « The Mark of Gender » dans *Feminist Issues*, vol. V, n° 2 (automne 1985) ; ce texte a été repris dans *The Straight Mind And Other Essays*.

« Quelques remarques sur *Les Guérillères* » a été initialement publié en français dans *L'Esprit Créateur*, revue de l'université d'Arizona, vol. XXXIV, n° 4, Tucson, hiver 1994.

« Le Lieu de l'action », publié initialement en français dans la revue *Digraphe*, n° 32 (1984), figurait dans l'édition américaine de *The Straight Mind And Other Essays*. Il n'a pas été repris dans la présente édition selon le souhait de l'auteur et figure dans *Le Chantier Littéraire*, Paris, POL, 1999.

Introduction

de Monique Wittig

L'hétérosexualité est le régime politique sous lequel nous vivons, fondé sur l'esclavagisation des femmes. Cette idée pour moi incontournable se dégage peu à peu des essais politiques de ce recueil. Dans une situation désespérée comparable à celle des serfs et des esclaves, les femmes ont le « choix » entre être des fugitives et essayer d'échapper à leur classe (comme font les lesbiennes), et/ou de renégocier quotidiennement, terme à terme, le contrat social. Il n'y a pas d'autre moyen de s'évader (car il n'y a pas de territoire, d'autre rive du Mississipi, de Palestine, de Libéria pour les femmes). La seule chose à faire est donc de se considérer ici même comme une fugitive, une esclave en fuite, une lesbienne. Il faut s'attendre à ce que mon point de vue paraisse brutal et ce n'est pas étonnant si on considère qu'il a contre lui des siècles de pensée. Pour comprendre ce qui se passe vraiment, il faut sortir des sentiers battus de la politique, de la philosophie, de l'anthropologie, des « cultures ». Ensuite, il se pourrait que l'on doive se passer du magnifique instrument de la dialectique, parce qu'il ne permet pas de concevoir l'opposition entre hommes et femmes en termes de conflit de classe.

Il faut comprendre que ce conflit n'a rien d'éternel et que pour le dépasser, il faut détruire politiquement, philosophiquement et symboliquement les catégories d'« homme » et de « femme ».

La dialectique nous a fait faux bond. C'est la raison pour laquelle la compréhension de ce que sont le « matérialisme » et la matérialité nous appartient. Je vais citer une liste de quelques noms, les noms de celles sans qui je n'aurais pas eu le pouvoir d'attaquer le monde straight sur un plan conceptuel. Nicole-Claude Mathieu, Christine Delphy, Colette Guillaumin, Paola Tabet, Sande Zeig, par ordre de publication, ont été mes influences politiques les plus fortes pendant la rédaction de ces essais.

Mathieu a été la première à établir les femmes comme entité sociologique et anthropologique dans les sciences sociales, c'est-à-dire à les considérer comme un groupe à part entière et non comme les annexes des hommes. Elle est à l'origine de ce qu'elle a appelé l'anthropologie des sexes. Mais Mathieu est aussi bien philosophe qu'anthropologue dans la tradition française. Son essai sur la conscience est incontournable. En procédant à une analyse de la conscience opprimée – ce qui ne veut pas dire aliénée – elle établit le maillon manquant dans l'histoire de la conscience.

Nous devons à Delphy la dénomination de « féminisme matérialiste » et une modification du concept marxiste de classe dont elle a montré l'obsolescence à partir du moment où il ne tient pas compte d'un type de travail qui n'a pas de valeur d'échange, un travail qui représente les deux tiers du travail à l'échelle mondiale selon les chiffres récents des Nations unies.

Guillaumin a transformé notre approche du matérialisme et de la matérialité au point de la rendre méconnaissable. Ce que nous avons appelé matérialisme jusqu'ici est très loin de la marque, puisque l'aspect le plus important de la matérialité n'a jamais été pris en compte. Il y a l'effort physique et mental propre à un type de travail qui est simplement un service physique rendu à une ou plusieurs personnes sans compensation ou salaire et à la fois les implications physiques et mentales d'un type de travail qui prive la personne toute entière d'elle-même, nuit et jour. Mais Guillaumin est plus connue pour avoir défini l'oppression des femmes dans sa double dimension : l'appropriation privée par un individu (un mari ou un père) et l'appropriation collective de tout un groupe, les femmes, les individus célibataires y compris, par la classe des hommes. Le « sexage », en d'autres termes. Si vous n'êtes pas mariée, vous devrez être disponible pour soigner les malades, les plus âgés, les faibles (comme le font les religieuses et aux USA les travailleurs volontaires), qu'ils fassent partie ou non de votre famille.

En travaillant sur l'anthropologie des sexes, Tabet a établi le lien qui existe entre les femmes qui font l'objet de l'appropriation collective. Dans ses derniers travaux sur la prostitution plus particulièrement, elle montre qu'il existe une continuité entre celles que l'on appelle prostituées et les lesbiennes en tant que classe de femmes qui ne font pas l'objet d'une appropriation privée mais qui sont encore collectivement l'objet de l'appropriation hétérosexuelle.

Zeig, avec qui j'ai écrit le *Brouillon pour un Dictionnaire des Amantes* et la pièce de théâtre *Le Voyage sans Fin* m'a fait comprendre que les effets de l'oppression sur le corps – lui donnant sa forme, ses gestes, son mouvement, sa motricité et même ses muscles – trouvent leur origine dans le domaine abstrait des concepts, les mots qui les formalisent. Je pense à son travail d'acteur et de réalisateur quand je dis (dans La Marque du genre ») que « les corps des acteurs sociaux sont formés par le langage abstrait aussi bien que par le langage non abstrait ».

Il y a encore beaucoup d'autres noms importants que je n'ai pas mentionnés (Colette Capitan, Monique Piazza, Emmanuelle de Lesseps, Louise Turcotte, Danièle Charest, Suzette Robichon Triton, Claudie Lesselier, etc.). Mais je n'énumère que les personnes qui ont eu une influence directe sur la rédaction de ces essais.

Ce recueil comporte deux parties. Comme je l'ai déjà indiqué, la première est une réflexion politique. Avec l'essai intitulé « La Catégorie de sexe », je veux montrer que le sexe est une catégorie politique. Le terme de *gender* utilisé en Angleterre et aux États-Unis me paraît imprécis. L'essai intitulé « On ne naît pas femme » tente d'établir un lien entre les femmes qui luttent pour les femmes en tant que classe, contre l'idée de la-femme en tant que concept essentialiste. Dans « La Pensée straight », j'esquisse les contours d'une pensée qui, au cours des siècles, a construit l'hétérosexualité comme un donné. « Le Contrat social » discute l'idée selon laquelle il y a une solution au-delà du contrat social hétérosexuel. « Homo sum » est consacré à la pensée politique et au futur de la dialectique.

Dans la seconde partie de ce recueil, je parle de ce qui m'importe le plus : l'écriture. Mon premier livre, *L'Opoponax*, a été soutenu par le nouveau roman, une école d'écrivains que j'ai toujours admirés pour la manière dont ils ont révolutionné le roman et leur défense de la littérature en tant que littérature. Ils m'ont appris ce qu'est le travail. Dans « Le Point de vue, universel ou particulier », j'aborde le problème d'une œuvre artistique dont les formes littéraires ne peuvent être perçues parce que le thème de l'œuvre (ici l'homosexualité) prédomine. Dans « Le Cheval de Troie » il est question du langage comme matériau brut pour l'écrivain et de l'impact violent que peuvent avoir les formes littéraires quand elles sont novatrices. Cet essai a été développé dans un livre en voie de publication que j'appelle *Le Chantier littéraire*[1].

Dans « La Marque du genre », j'analyse la signification du genre et comment il est l'index linguistique de l'oppression matérielle des femmes.

« Quelques remarques sur *Les Guérillères* » entrent dans la fabrication du livre.

Différentes revues ont participé à la publication de ces textes sur le nouveau matérialisme. La première a été *Questions Féministes* dont le collectif m'a invité à les rejoindre lorsque je suis venue pour la première fois aux États-Unis. À l'époque, je préparais une série de séminaires pour le département de français de l'université de

---

1. N.d.É. : Monique Wittig, *Le Chantier Littéraire*, Paris, P.O.L, 1999.

Berkeley en Californie. Il me semblait qu'une révolution épistémologique était nécessaire dans l'analyse de l'oppression des femmes. C'est à ce moment-là que j'ai rejoint avec enthousiasme ce groupe dont les membres travaillent dans le même sens.

La parution de *Feminist Issues* a commencé à Berkeley quelques années plus tard pour publier les textes des féministes matérialistes et leur collectif m'a demandé de devenir leur conseiller à la rédaction. En dépit du conflit que nous avions en France sur la question lesbienne, les rédactrices en chef de la revue (Mary Jo Lakeland et Susan Ellis Wolf) ont décidé que cette question non seulement ne ferait pas de tort à la revue mais qu'elle recevrait ainsi l'attention qu'elle méritait dans un cadre international.

Amazones d'Hier, Lesbiennes d'Aujourd'hui est publié à Montréal à l'initiative de lesbiennes radicales telles que Louise Turcotte et Danièle Charest qui ont admis à la fois la nécessité de la théorie féministe matérialiste et le besoin d'aller plus loin dans la théorie et les luttes.

Monique Wittig, Tucson, 2001.

La révolution d'un point de vue

Préface de Louise Turcotte

S'il est un nom qui est associé au Mouvement de libération des femmes, c'est bien celui de Monique Wittig. Sa renommée est due très largement à son œuvre littéraire, d'ailleurs traduite en plusieurs langues. Si Monique Wittig est un écrivain marquant de la seconde moitié du XXᵉ siècle, nul doute que ses textes théoriques en font aussi un des plus grands penseurs contemporains.

Bien sûr, il est impossible de limiter l'influence de Wittig à un seul domaine, que ce soit la littérature, la politique ou la théorie. Sa pensée les traverse tous. C'est justement cette multidimensionnalité qui donne tant d'importance à son travail. Mais on a beaucoup écrit sur son œuvre littéraire, trop peu encore sur sa pensée théorique et politique. Puisque j'ai eu cette chance d'avoir côtoyé Monique Wittig depuis le début des années 1970, je voudrais lui rendre un témoignage politique.

En effet, s'il est possible de témoigner des répercussions immédiates de sa pensée, il est par contre plus difficile de mesurer son influence à long terme, notamment dans l'histoire des luttes pour la libération des femmes. Car ses essais bouleversent radicalement plusieurs des prémisses que la théorie féministe contemporaine a mises en avant. Je parlerai ici de cette révolution conceptuelle.

En 1978, à la rencontre annuelle du Modern Language Association à New York, quand Monique Wittig termina sa conférence « La Pensée straight » par « les lesbiennes ne sont pas des femmes », l'accueil chaleureux fut tout de même précédé d'une seconde de stupéfaction et de silence. Quand ce texte fut publié deux ans plus tard dans la revue française *Questions Féministes*, cette stupéfaction se transforma, même chez les féministes les plus radicales, en une pression politique pour qu'une note soit ajoutée : il valait mieux « adoucir » la conclusion. On ne pouvait concevoir à ce moment-là une telle perspective. C'est dire qu'une page de l'histoire du mouvement féministe venait d'être tournée par celle-là même qui en avait été une des principales instigatrices en France. Quelle est donc cette page qui a été tournée ? Pourquoi ne peut-on plus voir la lutte des femmes de la même façon ? C'est que, justement, « le point de vue » s'est déplacé.

Depuis le début du siècle, toutes les luttes – de la défense des « droits des femmes » à l'analyse féministe de « l'oppression des femmes » – toutes partaient du « point de vue des femmes », cela allait de soi. Cette analyse s'est affinée au cours des années, s'est séparée en « tendances » comme cela se passe pour les mouvements de libération, mais jamais ce consensus de base n'avait été interrogé. Il semblait d'ailleurs incontestable. Et voilà que cette affirmation, « les lesbiennes ne sont pas des femmes », viendra bouleverser tout un mouvement tant sur les plans théoriques que politiques.

S'appuyant sur les concepts du féminisme matérialiste et radical dont celui de « classes de sexes », Wittig remettra en question un point fondamental encore jamais contesté par le féminisme : l'hétérosexualité. Cette hétérosexualité n'est plus seulement considérée comme une sexualité mais bien comme un régime politique. Jusqu'alors le féminisme analysait le « patriarcat » en tant que système fondé sur la domination des hommes sur les femmes. Mais les catégories elles-mêmes, « homme » et « femme », on ne les avait pas réellement questionnées. Ici, « l'existence des lesbiennes » prend tout son sens, puisque si ces deux catégories ne peuvent exister l'une sans l'autre, les lesbiennes, elles, n'existent que par et pour les « femmes », il y aurait donc une faille à ce système conceptuel.

Durant les années 1980, plusieurs lesbiennes en Europe et au Québec nomment ce point de vue « lesbianisme radical ». Pour les lesbiennes radicales, l'hétérosexualité est un régime politique à renverser, nos analyses et stratégies puisent à même la pensée de Wittig. Et c'est à la lumière de cette pensée qu'il nous fallait revoir l'Histoire.

Lorsqu'on réfléchit l'Histoire à partir de ce point de vue, il est intéressant de constater que les premiers jalons d'une critique de l'hétérosexualité comme « institution politique » avaient déjà été posés au début des années 1970, notamment aux États-Unis, par certaines lesbiennes séparatistes[1]. Mais le lesbianisme séparatiste n'a pas approfondi cette analyse, il a plutôt développé, dans une visée essentialiste, des valeurs spécifiquement lesbiennes, lesquelles s'inscrivent surtout à l'intérieur de communautés lesbiennes. C'est oublier que « l'hétérosexualité ne peut passer que par la destruction ou la négation [...] du lesbianisme pour assurer son pouvoir politique[2] ». Les communautés lesbiennes sont des stratégies nécessaires. Mais si on ne les contextualise pas dans l'ensemble d'un mouvement politique, elles prennent la signification d'un repli sur soi. Il s'agirait alors de créer une « nouvelle catégorie ». Or, seule l'abolition des catégories peut amener un changement véritable. C'est bien ce que la pensée de Monique Wittig nous a fait comprendre : on ne remplace pas « la femme » par « la lesbienne » mais on utilise notre position stratégique pour détruire le système hétérosexuel. « Nous [lesbiennes] sommes transfuges à notre classe de la même façon que les esclaves « marron » américains l'étaient [...] » (« On ne naît pas femme »). Cette autre phrase-clé donne une dimension politique au point de vue lesbien et il faut toujours

---

1.   Charlotte Bunch, « Learning from Lesbian Separatism », *MS*, novembre 1976.

2.   Ariane Brunet et Louise Turcotte, « Radicalisme et Séparatisme », *Amazones d'Hier, Lesbiennes d'Aujourd'hui*, vol. IV, n° 4, mai 1986, p. 42.

la garder en tête lorsqu'on lit les textes de Wittig. En effet, Wittig situe les lesbiennes dans un continuum de résistance propre aux diverses formes historiques d'oppression, ce qui nous éloigne par exemple du concept de « continuum lesbien » tel qu'il a été proposé par Adrienne Rich dans les années 1980.

Pour Rich, l'hétérosexualité est « quelque chose qui a dû être imposé, dirigé, organisé, répandu par la propagande et maintenu par la force[3] ». Ce texte pose l'hétérosexualité en tant qu'institution politique à l'intérieur du patriarcat. L'existence lesbienne est un acte de résistance à cette institution, mais « pour que ce contenu politique soit réalisé [...] sous une forme ultimement libératrice, il faut que le choix érotique soit approfondi et transformé en identification-aux-femmes consciente [...][4] ». À ce niveau, la conception du lesbianisme s'appuie sur le fait qu'il rejoint l'expérience féminine, comme l'exprime par exemple la maternité. Le concept de l'hétérosexualité amené par Rich se limite donc au même cadre d'analyse de la théorie féministe contemporaine, soit celui qui passe encore par le « point de vue des femmes ».

Le lesbianisme radical, quant à lui, place la dimension politique du lesbianisme dans le fait que les lesbiennes occupent une position spécifique à l'intérieur de la classe des femmes et qu'elles constituent par conséquent une faille à ce régime politique qu'est l'hétérosexualité. De toute évidence, le radicalisme en sortant forcément des sentiers battus exige un questionnement continu : « La conscience de l'oppression n'est pas seulement une réaction (une lutte) contre l'oppression. C'est une totale réévaluation conceptuelle du monde social » (« On ne naît pas femme »). J'ai connu Monique Wittig au travers de groupes militants et son profond respect pour chaque individu, son profond mépris pour toute forme de pouvoir ont marqué à jamais ma conception du militantisme. Mais c'est aussi à travers sa pensée que j'ai compris la

---

3. Adrienne Rich, « La Contrainte à l'hétérosexualité et l'existence lesbienne », *Nouvelles Questions Féministes*, n° 1, mars 1981, p. 31.
4. *Ibid.*, p. 41.

nécessité du va-et-vient entre le théorique et le politique. On ne peut concevoir de lutte politique sans cette constante dynamique, ce qui représente tout un défi pour nous militantes, parce qu'elle nous demande une vigilance de tous les instants, une réévaluation nécessaire de nos actions et prises de positions. On doit d'ailleurs interpréter la critique radicale du féminisme dans cette perspective.

« La transformation des rapports économiques ne suffit pas. Il nous faut opérer une transformation politique des concepts-clés, c'est-à-dire des concepts qui sont stratégiques pour nous » (« La Pensée straight »). En passant outre le régime politique de l'hétérosexualité, le féminisme repose actuellement sur un aménagement dudit système plutôt que sur une volonté de l'abolir. Il en va de même, me semble-t-il, pour la notion de « *gender* » qui a connu ces dernières années une inflation galopante et dont l'utilisation camoufle plus souvent qu'autrement la réalité de l'oppression des femmes. De fait, ce « *gender* », tout en voulant rendre compte des rapports sociaux entre les hommes et les femmes, occulte ou amoindrit la notion de « classe de sexes », éliminant ainsi la dimension politique qui régit ces rapports.

C'est ce courant du « *gender* » (on l'oublie d'ailleurs trop facilement) qui a donné lieu dans les années 1990 à un autre courant, celui du « *transgender* » ou plus souvent nommé la « *théorie queer* ». Certes, on navigue ici entre des identités sexuelles qui refusent la concordance genre/sexe, soit en prônant la transgression symbolique (les transgenres), soit en prônant la transformation biologique (les transsexuelles). Or, il me semble là aussi que ces déplacements identitaires ne font que consolider les catégories genre/sexe. On utilise en l'occurrence les mêmes paradigmes sans aller au-delà du système binaire qui les caractérise, mais suffit-il d'intervertir les catégories pour les annuler ? Car il y a une réflexion cruciale que l'on ne peut éviter dans les essais de Wittig : « un texte écrit par un écrivain minoritaire n'est efficace que s'il réussit à rendre universel le point de vue minoritaire ». C'est ce qui explique la grande efficacité des textes de Wittig. En revendiquant le point de vue lesbien comme universel, elle bouscule toutes les conceptions auxquelles nous étions habitués. Car jusqu'ici les écrivains minoritaires devaient ajouter « l'universel » à leur point de vue s'ils voulaient atteindre l'intangible universalité du dominant. C'est pourquoi la culture gaie a quand même une certaine audience. Non seulement parce que les gais, malgré leur transgression, font partie de la classe dominante mais surtout parce qu'ils se sont toujours définis en tant que minoritaires. La pensée lesbienne de Wittig, elle, ne vise pas la transgression mais bien l'abolition et du genre et du sexe sur lesquels s'appuie la notion même d'universalité. « Les sexes (le genre), la Différence entre les sexes, l'homme, la femme, la race, le Noir, le Blanc, la nature sont au cœur de cet ensemble de paramètres. Et ils ont formé nos concepts, nos lois, nos institutions, notre histoire, nos cultures. » Examiner les paramètres sur lesquels se fonde la pensée universelle demande une réévaluation de tous les outils fondamentaux d'analyse, y compris la dialectique. Non pas pour l'évacuer, mais pour qu'elle devienne plus opérante.

Le travail de Wittig est ainsi la démonstration parfaite d'une connexion entre le théorique et le politique. On perçoit trop souvent ces deux données fondamentales dans des sphères séparées ; d'un côté il y a l'exercice de la pensée, de l'autre côté la pratique politique, les deux fonctionnant parallèlement, alors qu'ils devraient de fait s'entrecroiser. Or ce croisement entre théorie et politique est une condition incontournable à toute lutte militante, et c'est précisément ce qui rend la pensée de Wittig si dérangeante.

Nous sommes maintenant dans le XXIᵉ siècle. Depuis quelques années, les gai(e)s luttent pour la reconnaissance de leurs droits civils, notamment l'acceptation juridique de leur statut conjugal. Peut-on voir dans ces réformes un nouveau contrat social ? J'en doute fort. Cela reviendrait à dire que le régime politique de l'hétérosexualité représente le seul et unique mode de fonctionnement qui puisse assurer une cohésion sociale, pour peu qu'il soit assez inclusif. Tout se passe comme si l'idée des rapports sociaux de sexe était devenue obsolète, parce qu'on participe de plain-pied à un régime politique qui opprime les femmes, on cautionne la pensée *straight*. On ne change pas le monde, on se l'aménage, et rien ne s'éloigne autant de ces idées révolutionnaires qui font de Wittig un des grands penseurs de notre temps.

Louise Turcotte,
membre du collectif fondateur d'*Amazones d'Hier,*
Lesbiennes d'Aujourd'hui.

Wittig La Politique

Préface de Sam Bourcier

Partir ou laisser un endroit où l'on se sent en sécurité, à la maison – physiquement, émotionnellement, linguistiquement, épistémologiquement – pour un autre endroit inconnu et risqué qui est autre tant sur le plan émotionnel que conceptuel ; un lieu du discours où parler et penser sont au mieux timides, incertains, sans garantie aucune. Mais ce partir n'est pas un choix, on n'aurait pas pu vivre dans cet endroit en premier. En fait, les deux aspects du déplacement, personnel et conceptuel, sont douloureux. Ils sont soit la cause et/ou le résultat d'une douleur, souvent les deux, du risque et d'un enjeu payé au prix fort. Car ce dont il s'agit, c'est d'une « théorie dans la chair », pour reprendre l'expression de Cherrie Moraga, d'une constante traversée de la frontière, d'une reconfiguration des frontières entre les corps et les discours, les identités et les communautés, raison pour laquelle, peut-être, ce sont essentiellement les féministes de couleur et les lesbiennes féministes qui ont pris ce risque[1].

Teresa De Lauretis

---

1. « Eccentric Subjects: Feminist Theory and Historical Consciousness », *Feminist Studies*, vol. 16, n° 1, 1990, notre traduction.

Tucson, Arizona, 1999. Ici le vent se fait lames de rasoir qui
viennent se ficher au fond du canyon. J'ai rendez-vous avec
Manastabal[2] dans un restaurant mexicain, non loin de l'université
où enseigne Monique Wittig. Manastabal l'a accompagnée lorsqu'elle a quitté la France en 1976. Pour l'instant, on ne voit rien
avec la poussière qui masque l'horizon du désert et l'entrée de
la ville. Manastabal doit me donner un exemplaire du *Straight
Mind*[3]. Je sais que bien avant sa parution en Amérique en 1992, ce
recueil d'essais politiques et littéraires était devenu un classique
de la réflexion lesbienne radicale tout en déclenchant une vague
de commentaires chez les théoriciennes (post)féministes et/ou
queers[4]. Manastabal m'a souvent mailé pour insister sur le fait que
l'épaisseur politique de ces textes réside aussi dans leur circulation
et leur profération initiale outre-Atlantique[5], en anglais ; qu'elle
est inséparable de leur translation entre la France et les États-
Unis, de la délocalisation imposée dont témoigne la langue dans

2. Manastabal et Wittig sont des figures de *Virgile, non*, Paris, Minuit, 1985.
3. *The Straight Mind & Other Essays*, Boston, Beacon Press, 1992.
4. Diana Fuss, *Essentially Speaking*, New York, Routledge, 1988; Judith Butler, *Gender Trouble: Feminism and the Subversion of Identity*, New York, Routledge, 1990 (*Trouble dans le genre*, trad. fr. Cynthia Kraus, Paris, La Découverte, 2005) ; Teresa De Lauretis, « Eccentric Subjects: Feminist Theory and Historical Consciousness », art. cit. ; Linda Zerilli, « The Trojan Horse of Universalism », *Social Text*, no 25/26, 1991 ; Linda Zerilli, « Rememoration or War ? French Feminist Narrative and The Politics of Self-Representation », *Differences: A Journal of Feminist Cultural Studies*, vol. 3, no 1, 1991.
5. En 1978, Monique Wittig donne une conférence intitulée « La Pensée straight », qu'elle conclut par une phrase devenue célèbre : « les lesbiennes ne sont pas des femmes ». Le texte paraîtra la même année dans *Questions Féministes* puis dans *Feminist Issues* (New York, colloque « Le Deuxième Sexe, 30 ans après », 1979). L'intervention de Monique Wittig s'appelle « On ne naît pas femme » (le texte paraîtra par la suite en France dans *Questions Féministes* puis aux États-Unis dans *Feminist Issues* en 1980). Lors de cette conférence, Hélène Cixous déclare que les femmes françaises qui aiment les femmes n'utilisent pas le mot « lesbienne » en France « parce qu'il a des connotations négatives ». « Quelle France ? C'est un scandale » s'exclame Wittig. Le public féministe américain prend conscience des profondes divergences qui existent entre les approches théoriques féministes françaises, entre les Féministes Révolutionnaires, qui regroupent depuis octobre 1970 les féministes matérialistes comme Christine Delphy et Monique Wittig et Psych & Po mené par Antoinette Fouque.

laquelle ils ont été écrits[6]. Car d'une certaine manière ce texte a été rendu impossible en français. Je dois rencontrer Manastabal pour (le) traduire.

À peine assises, Manastabal me prévient :

– Ne t'attends pas à trouver le texte original ou à penser que tu pourrais sous-titrer celui-ci. Il n'y a pas d'original, tu traduis une traduction. Ce que vous appelez déjà la pensée *straight* [7] a été écrit dans une langue étrangère à la langue française et à la langue *straight*. C'était la condition même de sa possibilité et la raison pour laquelle Wittig s'est échappée de France. C'est aussi pour ça que le texte a transité de Paris à Berkeley en passant par New York. Traduire la pensée *straight*... Mais c'est la pensée *straight*, la langue *straight* qui obligent les lesbiennes et bien d'autres à (se) traduire.

– Comment rendre *straight* alors ?

– *Straight*... Tu pourrais traduire par hétéronormatif. S'il est vrai que la norme hétérosexuelle est hégémonique, elle ne s'appuie pas que sur des pratiques sexuelles, loin de là, mais sur une pluralité de discours, sur les sciences dites humaines qui injectent les hétéronormes en matière de sexe, de genre, de filiation. Avec le *Straight Mind*, Wittig a engagé une épistémologie politique de la pensée *straight*, une critique des catégories, des savoirs et des rapports de pouvoir qui perpétuent la pensée *straight*... La pensée hétéro. Il fallait bien oser la nommer et la critiquer cette pensée invisible, non marquée pour faire plus naturelle. Wittig l'a fait. Et la définition politique de l'hétérosexualité qu'elle propose ne se conçoit pas sans une critique de l'hétérocentrisme.

Sur ces mots, Manastabal me demanda si je voulais une autre Margarita.

– Non merci, lui dis-je, ici, après deux tequilas, je vois les chats grands comme des lynx.

---

6.   « La Catégorie de sexe », « À propos du contrat social », « Homo sum », « Le Cheval de Troie », « La Marque du genre » et « La Pensée straight » ont d'abord été écrits en anglais.

7.   *Straight* : droit, rectiligne, qui n'est pas homosexuel.

– Mais ce n'est pas la tequila, à l'Ouest, les bobcats sont des chats sauvages imposants. Ici, il y en a deux qui suivent Wittig de loin en loin. On dirait qu'ils ont senti qu'elle préfère leur pelage, plus doux, plus odorant qu'en Europe. Ils vivent là-bas, au fond du canyon. Un jour pas trop lointain, il faudra bien trouver les mots pour décrire ce lieu, comme tant d'autres, sous peine de disparition brutale de tout ce que nous avons vu.

Manastabal, qui n'était pas du genre à se perdre, reprit le fil de son discours :

– Je crois que c'est important de dire que Wittig ne s'est pas contentée de critiquer les catégories « homme », « femme » abusivement naturalisées et de les dégager de leur gangue ontologique pour en faire apparaître la dimension politique. Elle s'est attachée très précisément à décrire les mécanismes de production de la différence, de la pensée binaire et régulatrice (Même/Autre), les figures de la pensée hétéro : naturalisation, dé-historicisation, universalisation, biologisation. La catégorie de sexe est l'une des catégories-ressources principielles de la pensée hétéro mais ce n'est pas la seule. Je cite Wittig par cœur :

> Les catégories dont il est question fonctionnent comme des concepts primitifs dans un conglomérat de toutes sortes de disciplines, théories, courants, idées que j'appellerai « la pensée *straight* » (en référence à la « pensée sauvage » de Lévi-Strauss). Il s'agit de « femme », « homme », « différence », et de toute la série de concepts qui se trouvent affectés par ce marquage, y compris des concepts tels que « histoire », « culture », et « réel »[8].

Tu vois, l'hétérocentrisme est partout : dans les catégories mentales, dans la psychanalyse, dans l'anthropologie structurale ou autre, et comme dit Wittig « depuis que les mythes hétérosexuels se sont mis à circuler avec aisance d'un système formel à l'autre

---

8. *La Pensée straight*, Paris, Éditions Amsterdam, 2007, p. 62.

comme des valeurs sûres[9] ». Dès 1980, Wittig contestait le privi-
lège épistémologique et politique de ces « discours qui nous oppriment tout particulièrement nous, lesbiennes, féministes et hommes
homosexuels et qui prennent pour acquis que ce qui fonde la
société, toute société, c'est l'hétérosexualité, [...] ces discours nous
nient toute possibilité de créer nos propres catégories, et qui nous
empêchent de parler sinon dans leurs termes[10]. » Tu vois ce que ça
veut dire, la montée au créneau des gardiens de l'ordre symbolique
et de la différence sexuelle lors du vote du PACS en France... Lacan
et Lévi-Strauss invoqués dans l'hémicycle...

– Je vois surtout que vous parlez très bien français.

– Je le lis aussi pas mal. Je n'ai pas de nation mais je sais
m'emporter. C'est que j'attends depuis longtemps de lire le *Straight
Mind* dans la langue de Proust. Ne serait-ce que parce que Wittig y
propose, comme dans ses textes littéraires, des stratégies épistémo-
politiques et des modes de subjectivation clairement articulées : le
développement de la science de l'oppression du point de vue des
opprimés, ce qu'elle appelle « la science des opprimés[11] », la prise
de conscience qui est prise de connaissance, la dés-identification
et la dé-nomination d'avec la femme et le féminisme. Un jour, tu
verras, on y ajoutera la traduction culturelle. Relis la description
du chantier littéraire des *Guérillères*[12] dans ce texte que je t'ai faxé[13]
l'autre jour. Fais face à la page de gauche alors que le manuscrit
est encore en plein montage, la page où se développe le texte de
Wittig et qui tance le déroulement de la pensée *straight* sur la page
de droite où viennent se greffer l'histoire, Freud et les autres. Dans
Les Guérillères, on passe d'un langage à l'autre à l'intérieur d'une
même langue, d'une énonciation à une autre, d'une page à l'autre,

---

9.   *Ibid.*, p. 66.
10. *Ibid.*, p. 60.
11. *Ibid.*, p. 65.
12. *Les Guérillères*, Paris, Minuit, 1969.
13. *La Pensée straight*, *op. cit.*, p. 113-120. Ce texte ne figure pas dans *The Straight Mind
& Other Essays*, *op cit.*

d'un univers référentiel à un autre, on y shifte, on y embraye, on y pourfend l'arbitraire du genre et la vieille culture, on resignifie, on re-traduit.

– Vous parlez l'anglais de Benveniste et sonnez par moments comme Barthes dans sa période sémioclaste et sémiopolitique.

– Wittig parle bien la politique. Ce qui ne fut jamais le cas de Barthes que la politique ennuyait. Wittig elle, n'a pas chômé. N'oublie pas que les analyses et les stratégies wittigiennes dont je te parle se sont déployées contre les séminaires mais aussi contre les ovulaires et les féminaires antiféministes de toutes sortes. La pensée *straight*, c'est aussi le féminisme *straight* des années 1980, tout féminisme hétérocentré qui cherche à imposer l'identification femme au détriment du point de vue lesbien et qui produit du corps et de la politique *straight*. Pourquoi des textes comme « La Pensée straight » et « On ne naît pas femme » figurent-ils dans tous les manuels d'études gaies et lesbiennes ? C'est qu'ils consacrent la rupture intellectuelle de la politique lesbienne d'avec la pensée hétéroféministe[14], tous courants confondus, des usurpatrices du MLF[15] aux féministes révolutionnaires au placard.

---

14. Dès 1970, il existe des tensions entre les lesbiennes et les féministes. À chaque fois que les lesbiennes posent la question de l'invisibilité lesbienne et proposent de travailler sur autre chose que sur les questions féministes (le viol, les grossesses non désirées, le travail domestique, les relations hommes-femmes), elles sont mises en minorité par les « hétéroféministes ».

15. Avant que les médias ne siglent MLF après l'action spectaculaire de l'Arc de triomphe en août 1970, où une dizaine de femmes, dont Monique Wittig, déposèrent une gerbe en l'honneur de la femme du soldat inconnu, c'est le terme « Mouvement » qui avait la faveur des féministes pour désigner le Mouvement de libération des femmes en France. Suffisamment englobante, cette auto-nomination devait permettre de résister à toute nomination venue de l'extérieur et éviter une appropriation restreinte et non représentative des multiples tendances féministes françaises. Dans une interprétation anarcho-marxiste, le flou dans la nomination correspondait à une stratégie de rupture avec les institutions et « le pouvoir ». Le choc politique est donc d'autant plus violent à l'annonce du coup capitalistique de Psychanalyse et Politique qui confisque le sigle MLF en le déposant comme marque à l'Institut National de la Propriété Industrielle en 1979. On comprend aussi le puissant sentiment de trahison que ressentiront les lesbiennes un an plus tard avec la reprise à peine masquée de *Questions Féministes* sous la forme *Nouvelles Questions Féministes* alors que le contrat d'édition conclu entre les membres

Bien sûr que le constructivisme matérialiste radical de Wittig ne pouvait s'accommoder des illusions rétrospectives des « féministes de la différence » qui se sont manifestées par autant de fictions-célébrations du corps de la femme ou de l'utérus de la mère et de l'« écriture féminine[16] ». Encore moins lorsqu'elles s'appuyaient sur le discours psychanalytique, s'ancraient dans le pré-œdipien ou le pré-symbolique de la sémiotique comme chez Kristeva. Tout le monde sait bien qu'elles ne faisaient que renforcer et réifier la fémini-tude, quoi de subversif à cela... Ah, l'efficacité de ce *french feminism*[17] élitiste à dépolitiser le féminisme en France... Mais note bien que les hétéroféministes étaient loin de se confondre avec les « Psych & Po » et les féminismes essentialistes. Nombre d'entre elles, lesbiennes et féministes matérialistes, les féministes révolutionnaires comme on les appelait, n'ont pas osé ou ont carrément empêché la formulation ouverte d'une politique lesbienne[18]. Comme si elles aussi voulaient réduire le point de vue lesbien à une orientation sexuelle. Excellente raison ne penses-tu pas pour que Wittig acte la dé-nomination des questions féministes qui ne veulent pas des questions lesbiennes[19] et des lesbiennes qui ne sont pas des femmes.

---

de la rédaction de la revue féministe matérialiste stipulait que personne n'utiliserait le nom de la revue. L'histoire se répétait.

16.   Publication en 1975 du *Rire de la Méduse* d'Hélène Cixous qui devient le manifeste du courant de l'écriture féminine. Pour en finir avec le phallocentrisme, celui-ci prône l'exploration du corps féminin par l'écriture en valorisant l'irréductibilité de la différence sexuelle biologique entre l'homme et la femme. La valeur subversive de cette démarche a très vite été contestée par les féministes matérialistes qui dénoncèrent le caractère essentialiste et biologisant d'une littérature célébrant les seins, l'utérus ou le vagin de la femme génitrice, mère ou amante, autrement dit le blason de la femme traditionnelle.

17.   Cette dénomination fabriquée dans les milieux universitaires outre-Atlantique désigne la troïka Cixous-Kristeva-Irigaray et en a fait les représentantes officielles du féminisme français. Elle a grandement contribué à éluder la dimension politique de ce dernier et à invisibiliser le courant féministe matérialiste.

18.   1980 : scission à l'intérieur de la rédaction de *Questions Féministes* sur la question lesbienne qui met fin à la revue.

19.   Avec l'article intitulé « Les Questions Féministes ne sont pas des Questions Lesbiennes », *Amazones d'Hier, Lesbiennes d'Aujourd'hui*, vol. 2, n° 201, juillet 1983.

– *Hold on a sec* ! Pour un peu, vous m'accuseriez de chercher le vagin pour trouver la femme ou pire encore « la lesbienne »… Je sais la violence de la coupure et qu'elle n'a pas pu se faire dans une langue maternelle qui n'existe pas d'ailleurs. Les féministes unilingues dominaient tellement qu'elles avaient fait du féminisme la théorie et la politique, et du lesbianisme seulement la pratique. Drôle de manière de confiner la question lesbienne à une question privée…

Je sais le prix de la dé-localisation, du déplacement et du voyage. J'ai lu cet article de Teresa de Lauretis[20] où elle analyse le poids de l'excentricité du sujet, en pensant à Wittig justement. *And last but not least*, j'ai trouvé dans une université de la côte Est la traduction exemplairement non simultanée de *Questions Féministes* : les numéros de *Feminist Issues* qui ont commencé à paraître ici aux États-Unis en 1980, à l'initiative du *Feminist Forum* de Berkeley et qui sont la version féministe lesbienne non censurée de *Questions Féministes*[21]. C'est là que transitèrent les textes de Wittig, en anglais dans le texte donc.

---

20.   « Eccentric Subjects: Feminist Theory and Historical Consciousness », art. cit.
21.   1977 : création de la revue *Questions Féministes* par cinq féministes radicales : Colette Capitan Peter, Christine Delphy, Emmanuelle de Lesseps, Nicole-Claude Mathieu et Monique Plaza. Simone de Beauvoir donne son nom comme rédactrice en chef de la revue. En 1980, le n° 7 de *Questions Féministes* de février inclut : « La Pensée straight » de Monique Wittig et « Hétérosexualité et féminisme » d'Emmanuelle de Lesseps. Ce numéro fait éclater le débat entre lesbiennes et féministes. Entre mars et juin, les réunions se succèdent entre les différentes factions du Mouvement pour discuter de la relation entre hétérosexualité et féminisme. Les lesbiennes politiques veulent fonder un mouvement politique basé sur le lesbianisme et affirmer leur vision du monde et leur rapport à l'hétérosexualité. Elles se verront accusées de diviser Le Mouvement voire de séparatisme. « On ne naît pas femme » de Monique Wittig paraît en mai dans le n° 8 de *Questions Féministes*. Au cours de l'été commence la parution aux États-Unis de *Feminist Issues*, lancé par le Feminist *Forum* de Berkeley avec Monique Wittig comme conseiller à la rédaction. Le premier numéro inclut « The Straight Mind » et « The Point of View, Universal or Particular ». Il avait été décidé d'un commun accord que le n° 8 de *Questions Féministes* serait le dernier et poursuivrait le débat engagé sur l'hétérosexualité. Ce ne fut pas le cas. En octobre, le collectif de *Questions Féministes*, association de loi 1901, se dissout ainsi que la revue du même nom à cause des désaccords existant sur la relation entre lesbianisme, hétérosexualité

Mais je vois aussi le bénéfice de cette décontextualisa-
tion ou sa signification pour « la lesbienne ». Vous me dites, si je
comprends bien, que le « bilinguisme » de Monique Wittig nous
fait comprendre qu'« être » lesbienne, c'est toujours être exposée à
traduire pour se faire entendre.

– On peut dire quelque chose comme ça. D'ailleurs, de ce point
de vue, Wittig est proche des politiques féministes des années 1980
des femmes et des lesbiennes de couleur[22] ici, des chicanas[23] qui
ont défait un féminisme qui les invitait à une sororité indifféren-
ciée. Toutes délocalisées comme tu dis, dès qu'elles s'approchaient
du centre, au point de comprendre et de faire comprendre que
leur prise de parole politique ne se concevait pas sans une politique radicale de situation[24]. Qu'il fallait repenser la transversale
des différences, du sexe, du genre, de la classe et de la race. Qu'en
tout cas, le féminisme, pas plus que le marxisme ne pouvait tout
sacrifier à l'oppression de classe, ne pouvait se contenter de privilé-
gier le critère du sexe ou du genre. Tu peux comprendre cette résistance à l'homogénéisation comme une opportunité postmoderne
et postcoloniale mais je ne peux m'empêcher d'y reconnaître une
délocalisation typique des lesbiennes, toujours placées entre féminisme et politique gaie et lesbienne, entre politique lesbienne et
féminisme, entre marxisme et féminisme. Après Stonewall, à Paris
comme à New York, les lesbiennes politiques ont fait partie des

---

et féminisme. 1981 : publication du premier numéro de *Nouvelles Questions Féministes*,
toujours placé sous le patronage de Simone de Beauvoir à l'initiative d'une lesbienne
féministe fondatrice de *Questions Féministes* qui en a chassé les lesbiennes politiques.
Désormais, les lesbiennes politiques radicales, Colette Guillaumin, Nicole-Claude
Mathieu, Monique Plaza, Noëlle Bisseret et Monique Wittig publieront leurs textes
aux États-Unis, dans *Feminist Issues*.

22.   1982 : parution du manifeste du *Combahee River Collective*, un groupe d'activistes
noires lesbiennes féministes qui se mobilise contre l'oppression hétérosexuelle, raciale
et économique.

23.   1981 : parution de l'anthologie *This Bridge Called My Back: Writings by Radical
Women of Colour*, dirigée par Cherrie Moraga et Gloria Anzaldua.

24.   1987 : parution de *Borderlands/La Frontera: The New Mestiza* de Gloria Anzaldua.

mouvements féministes mais aussi gais[25], voire les ont initiés pour finalement devoir s'en extraire.

– Parlant des féministes, vous avez eu Friedan[26], nous avons eu Beauvoir[27]. C'est vrai que comme elles, la très grande majorité des féministes a refusé de voir le point de vue lesbien comme une réalité sociale et politique et a bloqué toute politique lesbienne. En France, au temps du MLF, on avait le droit d'être lesbienne féministe, l'ordre de la concaténation des termes dit bien ce qu'il veut dire, mais non lesbienne politique. En fait, Monique Wittig a permis de se défaire des appropriations et des constructions de « la lesbienne » par des féministes qui n'interrogeaient jamais au grand jamais leur position hétérosexuelle, comme si elle était exempte de justification... Mais qui pensaient encore très souvent faire œuvre de charité sexologique en concluant à l'inné de l'homosexualité fémi- nine ou en entourant la question de prévention psychanalytique. Dans ses œuvres littéraires et politiques, Wittig propose une repré- sentation des lesbiennes résolument alternative. Non médicale, non psychologique et encore moins psychanalytique et... sexuelle[28]. Enfin...

– Je crois qu'elle fait autre chose encore. Tu sais, je lui suis particulièrement reconnaissante de m'avoir acceptée pour guide à San Francisco lors de notre périple en 1976[29], moi qui portais des chemises et marchais les mains dans les poches de jean comme dans un film muet. Wittig a complètement renoncé au paradigme

---

25.   Ce sont des lesbiennes et des féministes qui ont impulsé le F.H.A.R. (Front Homosexuel d'Action Révolutionnaire).

26.   1970 : Betty Friedan, féministe de la deuxième vague et auteur de *The Feminine Mystique* en 1965, est à l'origine de l'appellation *The Lavender Menace* pour décrire un mouvement lesbien naissant susceptible selon elle de compromettre l'agenda féministe.

27.   Il suffit de relire le chapitre consacré à « la lesbienne » dans *Le Deuxième Sexe* et de constater l'engagement de Beauvoir auprès des féministes et des lesbiennes féministes matérialistes qui s'opposèrent à la politique lesbienne notamment lors de l'épisode de *Questions Féministes / Nouvelles Questions Féministes* pour se convaincre de la lesbophobie qui l'animait.

28.   1973 : parution de *Le Corps lesbien*.

29.   Dans *Virgile, non, op. cit.*

d'identification à la femme très en vogue chez les hétéroféministes et les lesbiennes féministes de l'époque. Même les radicales américaines n'ont pas osé dire que les lesbiennes n'étaient pas des femmes. Souviens-toi. Les radicales de *Lavender Menace*[30] divorcent des féministes de NOW[31]. C'est le zap de mai 1970. À vingt, elles occupent la scène, Rita Mae Brown en tête. Elles distribuent le tract[32] qu'elles ont potassé collectivement et qui deviendra l'un des manifestes historiques dans l'histoire de l'émancipation des lesbiennes : *The Woman Identified Woman*. Dix paragraphes en béton. Mais pas de sexe pour faire plus politique. Incroyable, la force de l'obligation à la séparation entre politique et sexe. Et elles ne renoncent pas à l'identification femme[33]... Rich[34] réagit aussi contre les féministes en esquissant une démarque identitaire lesbienne mais elle prône le continuum lesbien-féminin pour toutes les femmes. Il n'y a que Wittig pour ne plus prescrire l'identification à la femme et à laisser la porte ouverte aux lesbiennes barbues.

– Est-ce que tu es en train de dire que Wittig est identitaire ?

– Wittig ne se dirait pas identitaire, mais, en elle, en inscrit la formule en permanence, ironiquement et effectivement. Elle symbolise la critique de l'identité féministe totalisante et elle a cette attitude vis-à-vis de l'identité lesbienne qui lui permet de tirer parti ou de laisser tirer parti des ressources identitaires. Ce qu'ont fait des

---

30. *Lavender Menace* est le premier groupe post-Stonewall à se concentrer sur les questions lesbiennes.

31. National Organisation for Women. « Le simple mot « lesbienne » peut déclencher une crise cardiaque collective dans le comité exécutif » dira Rita Mae Brown. Dans sa lettre de démission de NOW, elle reproche aux responsables leur lesbophobie, leur sexisme, leur racisme et leurs préjugés de classe.

32. « Take a lesbian to lunch » ; « Superdyke loves you » ; « Women's liberation is a lesbian plot » ; « We are your worst nightmare, your best fantasy » sont quelques-uns des slogans qui figurent sur le tract.

33. Le texte est désexualisant en ce sens que le critère politique discriminant n'y est pas la pratique sexuelle. Il est axé monogenre : la femme comme la lesbienne se construit en opposition au mâle et au mâle potentiel qui est en nous.

34. Adrienne Rich : « La Contrainte à l'hétérosexualité et l'existence lesbienne », *Nouvelles Questions Féministes*, n° 1, mars 1981.

milliers de lesbiennes en la lisant et en construisant des politiques (sexuelles) radicales. Wittig n'a pas seulement écrit *Le Corps lesbien*. Elle a, avec le même type d'ironie[35] qui l'avait poussée à choisir ce titre « Le Corps lesbien », rendu possible la théorie lesbienne en écrivant *La Pensée straight*. L'ironie est une figure majeure de la politique de Wittig. Elle est ce qui la met en porte-à-faux productif par rapport à la question de l'identité lesbienne. Ses effets sont de l'ordre de la resignification : écoute bien les titres, *Le Corps lesbien*, *Pensée straight* en toutes lettres. On connaissait la chanson, on ânonnait le karaoké de l'hétérosexualité... Wittig a changé les paroles et ajouté celles qui se cachaient. Ça ne m'étonne pas du tout qu'elle soit un texte relais dans la critique poststructurale de l'identité sexuelle.

Dans les faits, elle a ouvert un espace identitaire lesbien en faisant de la lesbienne ce site de dé-nomination et de dés-identification radical dont je te parlais tout à l'heure, un geste identitaire paradoxal, qui peut être utile pour bien des politiques identitaires et que l'on aurait tort de comprendre comme une simple réaction par rapport au contexte féministe lesbophobe des années 1980. Évidemment, ça a aidé. Elle a rompu le silence hétéroféministe sur les lesbiennes, mais elle a aussi mis le féminisme et son identité fermée en crise. Le féminisme des droits, le féminisme de la seconde vague, comme on dit chez nous, celui des années 1970, le féminisme français devenu dominant au début des années 1980 qui privilégiait largement le point de vue de la classe moyenne blanche hétérosexuelle. Non seulement les lesbiennes ne sont pas des femmes, mais ce n'est pas un hasard si Wittig les renomme « maronnes[36] » dans une autre langue que celle de la femme blanche française.

---

35. 1999 : Monique Wittig dans *Libération* : « Quand j'ai trouvé le titre *Corps lesbien*, l'association de ces deux mots m'a fait rire, c'était absurdement sarcastique. »
36. Mot créole : altération de l'hispano-américain *cimarron* qui signifie « esclave fugitif ».

Wittig et les lesbiennes radicales ont demandé au féminisme français de passer par sa phase réflexive et critique pour constater que la promotion de La Femme comme catégorie émancipatrice qui produit de l'identique et comme seul sujet de la politique sexuelle a des effets coercitifs et normatifs. Elle ne réagit pas seulement contre l'instrumentalisation politique de « la lesbienne » par le féminisme, elle demande des comptes et de nouveaux concepts à un féminisme abusivement unitaire dans ses fondements et dans ses objectifs. Le féminisme qui prône un type de différence soit essentialiste, soit strictement articulé en termes de genre par opposition à l'homme et au patriarcat et non par rapport aux hommes et aux femmes, c'est-à-dire par rapport à l'hétérosexualité. On ne répétera jamais assez que ce type de valorisation de la différence aboutit à négliger les différences d'identité sexuelle mais aussi de classe et de race entre les femmes et qu'elle ne saurait être que réformatrice. Wittig est postféministe dans sa dénonciation vigoureuse des effets conservateurs du féminisme dont elle va jusqu'à remettre en cause la cohérence et la pertinence de la dé-nomination : « féminisme mot gênant non pas à cause des suffragettes (non) mais à cause de la femme autour duquel il est bâti[37]. »

Manastabal reprit son souffle. Sa chemise soudainement gonflée lui claquait autour du torse et des bras. Drapeau pour le serveur ? Il s'approchait de notre table comme pour nous apporter l'addition et nous lança :

– *Tortilleras*[38] !

– Oui, des tortillas pour les deux gouines, merci, répliqua Manastabal.

Et, voyant que je n'avais pas compris :

– Ça recommence. Quand je voyageais avec Wittig, ça nous arrivait tout le temps. Ils croyaient nous atteindre ou nous faire rentrer à la maison en nous traitant de « sales gouines » ou en nous disant

---

37.   « Les questions féministes ne sont pas des questions lesbiennes », *Amazones d'Hier, Lesbiennes d'Aujourd'hui*, n° 1, 1983.
38.   Sales gouines !

que nous n'étions pas des femmes. Une injure pour eux... Avec Wittig, c'est devenu un compliment et un programme politique : non seulement nous ne sommes pas des femmes mais nous n'avons pas à le devenir. Allez viens, on s'en va ailleurs. N'oublie pas ton exemplaire du *Straight Mind*.

Sam Bourcier, New York, janvier 2001.

La catégorie de sexe

O exprime, à sa manière, un idéal viril. Viril ou du moins masculin. Enfin une femme qui avoue ! Qui avoue quoi ? Ce dont les femmes se sont de tout temps défendues (mais jamais plus qu'aujourd'hui). Ce que les hommes de tout temps leur reprochaient : qu'elles ne cessent pas d'obéir à leur sang ; que tout est sexe en elles, et jusqu'à l'esprit.

Jean Paulhan, *Du bonheur dans l'esclavage*,
préface à *Histoire d'O* de Pauline Réage (Paris, Fayard, 1976).

Une singulière révolte ensanglanta, dans le courant de l'année mil huit cent trente-huit, l'île paisible de la Barbade. Deux cents Noirs environ, tant hommes que femmes et tous récemment promus à la liberté par les Ordonnances de mars, vinrent un matin prier leur ancien maître, un certain Glenelg, de les reprendre à titre d'esclave [...]. Je suppose [...] que les esclaves de Glenelg étaient amoureux de leur maître : c'est qu'ils ne pouvaient se passer de lui.

Ibid.

Pourquoi prendre femme ? Pour me disputer avec elle ? [...] Qu'y a-t-il de bon dans une femme ? – La femme est une ouvrière [...]. C'est la servante

de l'homme. – Qu'ai-je besoin d'une ouvrière ? – En ceci que tu aimes
assez qu'on te tire les marrons du feu [...]. – Eh bien, marie-moi alors !

Ivan Tourguéniev, *Mémoires d'un chasseur* (Paris, Gallimard, 1985).

La pérennité des sexes et la pérennité des esclaves et des maîtres
proviennent de la même croyance. Et comme il n'existe pas
d'esclaves sans maîtres, il n'existe pas de femmes sans hommes.
L'idéologie de la différence des sexes opère dans notre culture
comme une censure, en ce qu'elle masque l'opposition qui existe
sur le plan social entre les hommes et les femmes en lui donnant la
nature pour cause. Masculin/ féminin, mâle/femelle sont les catégories qui servent à dissimuler le fait que les différences sociales
relèvent toujours d'un ordre économique, politique et idéologique.
Tout système de domination crée des divisions sur le plan matériel
et sur le plan économique. Par ailleurs, les divisions sont rendues
abstraites et mises en concepts par les maîtres, et plus tard par les
esclaves, lorsque ceux-ci se révoltent et commencent à lutter. Les
maîtres expliquent et justifient les divisions qu'ils ont créées en
tant que résultat de différences naturelles. Les esclaves, lorsqu'ils
se révoltent et commencent à lutter, lisent des oppositions sociales
dans ces prétendues différences naturelles.

Car il n'y a pas de sexe. Il n'y a de sexe que ce qui est opprimé et
ce qui opprime. C'est l'oppression qui crée le sexe et non l'inverse.
L'inverse serait de dire que c'est le sexe qui crée l'oppression ou de
dire que la cause (l'origine) de l'oppression doit être trouvée dans le
sexe lui-même, dans une division naturelle des sexes qui préexiste-
rait à (ou qui existerait en dehors de) la société.

Le primat de la différence est tellement constitutif de notre
pensée qu'il l'empêche d'opérer le retournement sur elle-même
nécessaire à sa mise en question pour en appréhender précisément
le fondement constitutif. Appréhender une différence en termes
dialectiques consiste à rendre manifestes des termes contradictoires qui doivent trouver résolution. Comprendre la réalité sociale
en termes dialectiques matérialistes revient à appréhender les

oppositions entre classes terme à terme et à les réunir sous la même copule (un conflit dans l'ordre social) qui est aussi une résolution (une abolition dans l'ordre social) des contradictions apparentes.

La lutte des classes est précisément ce qui permet de résoudre la contradiction entre deux classes opposées, en ce qu'elle les abolit au moment même où elle les constitue et les révèle en tant que classes. La lutte de classes entre les femmes et les hommes et qui devrait être entreprise par toutes les femmes, est ce qui résout les contradictions entre les sexes et les abolit au moment même où elle les rend compréhensibles. Il faut remarquer que les contradictions relèvent toujours de l'ordre matériel. L'idée qui m'importe ici, c'est qu'avant le conflit (la révolte, la lutte), il n'y a pas de catégories d'opposition mais seulement des catégories de différence. Et ce n'est qu'au moment où la lutte éclate que la violence des oppositions et le caractère politique des différences deviennent manifestes. Car aussi longtemps que les oppositions (les différences) ont l'air d'être données, d'être déjà là, « naturelles », précédant toute pensée – tant qu'il n'y a ni conflit ni lutte – il n'y a pas de dialectique, il n'y a pas de changement, pas de mouvement.

La pensée dominante refuse de se retourner sur elle-même pour appréhender ce qui la remet en question.

Et bien sûr, aussi longtemps qu'il n'existe pas de lutte des femmes, n'existe pas de conflit entre les hommes et les femmes. C'est le destin des femmes de fournir les trois quarts du travail dans la société (dans le domaine public comme dans le domaine privé), travail auquel il faut ajouter le travail corporel de la reproduction selon le taux préétabli de la démographie. Être assassinée et mutilée, être torturée et maltraitée physiquement et mentalement ; être battue et être forcée à se marier, tel est le destin des femmes. Et bien sûr on ne peut pas changer le destin. Les femmes ne savent pas qu'elles sont totalement dominées par les hommes et lorsqu'elles l'admettent, elles peuvent « à peine le croire ». Et le plus souvent, en un dernier recours face à la réalité nue et crue, elles refusent de « croire » que les hommes les dominent en pleine connaissance de cause (parce que l'oppression est bien plus hideuse pour les opprimés que pour les oppresseurs). De leur côté, les hommes savent parfaitement qu'ils dominent les femmes. (« Nous sommes les maîtres des femmes[1] » dit André Breton) et ils sont formés pour le faire. Ils n'ont pas besoin de l'énoncer constamment car l'on parle rarement de domination au sujet de ce que l'on possède déjà.

Quelle est donc cette pensée qui refuse de faire retour sur elle-même, qui ne remet jamais en cause ce qui la constitue au premier chef? Cette pensée est la pensée dominante. Cette pensée affirme qu'il existe un

« déjà-là » des sexes, quelque chose qui précède toute pensée, précède toute société. Cette pensée est la pensée de ceux qui gouvernent les femmes.

> Les pensées de la classe dominante sont aussi, à toutes les époques, les pensées dominantes, autrement dit la classe qui est la puissance *maté-rielle* dominante de la société est aussi la puissance dominante *spirituelle*. La classe qui dispose des moyens de la production matérielle dispose, du même coup, des moyens de la production intellectuelle, si bien que, l'un dans l'autre, les pensées de ceux à qui sont refusés les moyens de production intellectuelle sont soumises du même coup à cette classe dominante. Les pensées dominantes ne sont pas autre chose que l'expression idéale des rapports matériels dominants, elles sont ces rapports matériels dominants saisis sous forme d'idées, donc l'expression des rapports qui font d'une classe la classe dominante ; autrement dit, ce sont les idées de sa domination[2].

Cette pensée qui est fondée sur le primat de la différence est la pensée de la domination. La domination fournit aux femmes un ensemble de faits, de données, d'*a priori* qui, pour discutable qu'il soit, forme une énorme construction politique, un réseau serré qui

---

1.   André Breton, « Premier Manifeste du Surréalisme » [1924], *in* André Breton, *Manifestes du surréalisme*, Paris, Gallimard, 1985.
2.   Karl Marx et Friedrich Engels, *L'Idéologie allemande*, Paris, Éditions Sociales, 1974, p. 86.

affecte tout, nos pensées, nos gestes, nos actes, notre travail, nos sensations, nos relations.

Où que l'on se tourne, la domination nous apprend :

– qu'avant toute pensée, avant toute société, il y a deux « sexes », en fait, des catégories d'individus nés avec une différence constitutive, une différence qui a des conséquences ontologiques (l'approche métaphysique) ;

– qu'avant toute pensée, avant tout ordre social, il y a des « sexes » qui sont « naturellement », « biologiquement », « hormonalement » ou « génétiquement » différents et que cette différence a des conséquences sociologiques (l'approche scientifique) ;

– qu'avant toute pensée, avant tout ordre social, il y a une « division naturelle du travail dans la famille », « une division du travail qui n'est originellement rien d'autre que la division du travail dans l'acte sexuel » (l'approche marxiste).

Quelle que soit l'approche, l'idée reste fondamentalement la même. Les sexes, en dépit de leur différence « constitutive », doivent inévitablement développer des relations de catégorie à catégorie. Puisqu'elles appartiennent à un ordre naturel, ces relations ne peuvent pas être considérées comme des relations sociales. Cette conception qui imprègne tous les discours, y compris ceux du sens commun, est la pensée de la domination. L'ensemble de ses discours est constamment renforcé à tous les niveaux de la réalité sociale et masque la réalité politique de la subjugation d'un sexe par l'autre, le caractère obligatoire de la catégorie en soi (qui constitue la première définition de l'être social par son état civil). Et tout cela bien que la catégorie de sexe n'ait pas d'existence *a priori*, avant toute société. En tant que catégorie de domination, elle ne peut pas être le produit de la domination naturelle, elle est le produit de la domination sociale des femmes exercée par les hommes car il n'y a de domination que sociale.

La catégorie de sexe est une catégorie politique qui fonde la société en tant qu'hétérosexuelle. En cela, elle n'est pas une affaire d'être mais de relations (car les « femmes » et les « hommes » sont le résultat de relations). La catégorie de sexe est la catégorie qui établit comme « naturelle » la relation qui est à la base de la société (hétérosexuelle) et à travers laquelle la moitié de la population – les femmes – sont « hétérosexualisées » (la fabrication des femmes est semblable à la fabrication des eunuques, à l'élevage des esclaves et des animaux) et soumises à une économie hétérosexuelle. Car la catégorie de sexe est le produit de la société hétérosexuelle qui impose aux femmes l'obligation absolue de la reproduction de « l'espèce », c'est-à-dire de la reproduction de la société hétéro-sexuelle. L'obligation de reproduction de « l'espèce » qui incombe aux femmes est le système d'exploitation sur lequel se fonde écono-miquement l'hétérosexualité. La reproduction consiste essentielle-ment en ce travail, cette production par les femmes, qui permet aux hommes de s'approprier tout le travail des femmes. Il faut inclure ici l'appropriation du travail qui est associé « par nature » à la repro-duction : élever les enfants, les corvées domestiques. Cette appro-priation du travail des femmes s'effectue exactement de la même manière que l'appropriation du travail de la classe ouvrière par la classe dominante. On ne peut pas dire que l'une de ces deux produc-tions (reproduction) est « naturelle » et que l'autre est sociale. Cet argument n'est que la justification théorique et idéologique de l'oppression, un argument pour faire croire aux femmes qu'avant la société et que dans toutes les sociétés, elles sont soumises à cette obligation de la reproduction. Pourtant, de la même manière que nous ne savons rien du travail et de la production sociale en dehors de tout contexte d'exploitation, nous ne savons rien de la reproduc-tion de la société en dehors de son contexte d'exploitation.

La catégorie de sexe est le produit de la société hétérosexuelle dans laquelle les hommes s'approprient pour eux-mêmes la repro-duction et la production des femmes ainsi que leurs personnes physiques au moyen d'un contrat qui s'appelle le contrat de mariage. Comparez ce contrat avec le contrat qui lie un travailleur à son employeur. Le contrat qui lie une femme à un homme est en principe un contrat à vie, que seule la loi peut briser (le divorce).

Il assigne à cette femme certaines obligations, y compris un travail non rémunéré. Son travail (le ménage, élever les enfants) ainsi que ses obligations (cession de sa reproduction mise au nom du mari, coït forcé, cohabitation jour et nuit, assignation à résidence, comme le sous-entend la notion juridique d'« abandon du domicile conjugal ») signifient que la femme en tant que personne physique appartient à son mari.

Le fait qu'une femme dépende directement de son mari est implicite dans la règle généralement observée par la police, qui est de ne pas intervenir lorsqu'un mari bat sa femme. La police intervient au titre de plainte pour coups et blessures lorsqu'un citoyen bat un autre citoyen. Mais une femme qui a signé un contrat de mariage a par là même cessé d'être un citoyen ordinaire (protégé par la loi). La police exprime ouvertement sa répugnance à intervenir dans les affaires domestiques (par opposition aux affaires civiles) où l'autorité de l'État n'a pas à intervenir directement puisqu'elle est relayée par celle du mari. Il suffit d'aller dans un refuge pour femmes battues pour voir jusqu'à quel point cette autorité peut être exercée.

La catégorie de sexe est le produit de la société hétérosexuelle qui fait de la moitié de la population des êtres sexuels en ce que le sexe est une catégorie de laquelle les femmes ne peuvent pas sortir. Où qu'elles soient, quoi qu'elles fassent (y compris lorsqu'elles travaillent dans le secteur public), elles sont vues (et rendues) sexuellement disponibles pour les hommes et elles, seins, fesses, vêtements, doivent être visibles. Elles doivent arborer leur étoile jaune, leur éternel sourire jour et nuit. On peut dire que toutes les femmes, mariées ou non, doivent effectuer un service sexuel forcé, un service sexuel qui peut être comparé au service militaire et qui peut durer, c'est selon, un jour, un an, vingt-cinq ans ou plus. Quelques lesbiennes et quelques religieuses y échappent, mais elles sont très peu nombreuses, bien que leur nombre augmente. Si les femmes sont très visibles en tant qu'êtres sexuels, en tant qu'êtres sociaux elles sont totalement invisibles et en tant que tels, elles doivent se faire aussi petites que possible et toujours s'en excuser.

Il suffit de lire les interviews de femmes exceptionnelles dans les magazines pour entendre leurs excuses. Et de nos jours encore, les journaux rapportent que « deux étudiants et une femme », ou « deux avocats et une femme », ou « trois voyageurs et une femme » ont été vus faisant ceci ou cela. Car la catégorie de sexe est la catégorie qui colle aux femmes parce qu'elles ne peuvent pas être conçues en dehors de cette catégorie. Il n'y a qu'*elles* qui ne sont que sexe, *le* sexe, et sexe elles ont été faites dans leur esprit, leur corps, leurs actes, leurs gestes ; même les meurtres dont elles font l'objet et les coups qu'elles subissent sont sexuels. Vraiment, la catégorie de sexe tient bien les femmes.

C'est que la catégorie de sexe est une catégorie totalitaire qui, pour prouver son existence, a ses inquisitions, ses cours de justice, ses tribunaux, son ensemble de lois, ses terreurs, ses tortures, ses mutilations, ses exécutions, sa police. Elle forme l'esprit tout autant que le corps puisqu'elle contrôle toute la production mentale. Elle possède nos esprits de telle manière que nous ne pouvons pas penser en dehors d'elle. C'est la raison pour laquelle nous devons la détruire et commencer à penser au-delà d'elle si nous voulons commencer à penser vraiment, de la même manière que nous devons détruire les sexes en tant que réalités sociologiques si nous voulons commencer à exister. La catégorie de sexe est une catégorie qui régit l'esclavage des femmes et elle opère très précisément grâce à une opération de réduction, comme pour les esclaves noirs, en prenant la partie pour le tout, une partie (la couleur, le sexe) au travers de laquelle un groupe humain tout entier doit passer comme au travers d'un filtre. Il est à remarquer qu'en ce qui concerne l'état civil, la couleur comme le sexe doivent être « déclarés ». Cependant, grâce à l'abolition de l'esclavage, la « déclaration » de la « couleur » est maintenant considérée comme une discrimination. Mais ceci n'est pas vrai pour la « déclaration » de « sexe » que même les femmes n'ont pas rêvé d'abolir.

Je dis : qu'attend-on pour le faire ?

2.
On ne naît pas femme

Quand on analyse l'oppression des femmes avec des concepts matérialistes et féministes[1], on détruit ce faisant l'idée que les femmes
sont un groupe naturel, c'est-à-dire « un groupe social d'un type
spécial : un groupe perçu comme naturel, un groupe d'hommes
considéré comme matériellement spécifique dans son corps[2] ». Ce
que l'analyse accomplit dans l'ordre des idées, la pratique le rend
effectif dans l'ordre des faits : par sa seule existence, une société
lesbienne[3] détruit le fait artificiel (social) qui constitue les femmes
en un « groupe naturel » ; une société lesbienne démontre pragma-
tiquement que la division à part des hommes dont les femmes ont
été l'objet est politique et que nous avons été re-construites idéologiquement en un « groupe naturel ». Dans le cas des femmes

1.   Christine Delphy, « Pour un féminisme matérialiste », *L'Arc*, nº 6, 1975. Article repris
dans *L'Ennemi principal*, tome I, Paris, Syllepse, 1998.
2.   Colette Guillaumin, « Race et Nature : Système des marques, idée de groupe
naturel et rapports sociaux », *Pluriel*, nº 11, 1977 ; article repris dans *Sexe, race et pratique
du pouvoir*, Paris, Côté-femmes, 1992.
3.   J'utilise le terme de « société » dans une acception anthropologique étendue, car il
ne s'agit pas à strictement parler de « sociétés » en ce sens que les sociétés lesbiennes
n'existent pas de manière complètement autonome, en dehors des systèmes sociaux
hétérosexuels.

l'idéologie va loin puisque nos corps aussi bien que notre pensée sont le produit de cette manipulation. Nous avons été forcées dans nos corps et dans notre pensée de correspondre, trait pour trait, avec l'*idée* de nature qui a été établie pour nous. Contrefaites à un tel point que notre corps déformé est ce qu'ils appellent « naturel », est ce qui est supposé exister comme tel avant l'oppression. Contrefaites à un tel point qu'à la fin l'oppression semble être une conséquence de cette « nature » en nous, une nature qui n'est qu'une *idée*. Ce qu'une analyse matérialiste accomplit par le raisonnement, une société lesbienne l'effectue en fait : non seulement il n'y a pas de groupe naturel « femmes » (nous lesbiennes en sommes une preuve vivante, physique) mais en tant qu'individus aussi nous remettons en question « la-femme », laquelle n'est pour nous qu'un mythe, de même que pour Simone de Beauvoir. « On ne naît pas femme, on le devient. Aucun destin biologique, psychique, économique ne définit la figure que revêt au sein de la société la femelle humaine ; c'est l'ensemble de la civilisation qui élabore ce produit intermédiaire entre le mâle et le castrat qu'on qualifie de féminin[4]. »

Cependant, la plupart des féministes et des lesbiennes/féministes ici et ailleurs continuent de penser que la base de l'oppression des femmes est *biologique autant qu'historique*. Certaines d'entre elles prétendent même trouver leurs sources chez Simone de Beauvoir[5]. La référence au droit maternel et à une « préhistoire » où les femmes auraient créé la civilisation (à cause d'une prédisposition biologique) tandis que l'homme brutal et grossier se serait contenté d'aller à la chasse (à cause d'une prédisposition biologique) est la symétrique de l'interprétation biologisante de l'histoire que la classe des hommes a produite jusqu'ici. Elle relève de la méthode même qui consiste à chercher dans les femmes et les hommes une raison biologique pour expliquer leur division, en dehors de faits sociaux. Du fait que cette façon de voir présuppose que le

---

4.   Simone de Beauvoir, *Le Deuxième Sexe*, tome ii, Paris, Gallimard, 1949, p. 15.
5.   Redstockings, *Feminist Revolution*, New York, Random House, 1978, p. 18.

commencement ou la base de la société humaine repose nécessai-
rement sur l'hétérosexualité, elle ne saurait pour moi être au départ
d'une analyse lesbienne/féministe de l'oppression des femmes. Le
matriarcat n'est pas moins hétérosexuel que le patriarcat : seul le
sexe de l'oppresseur change. Cette conception, outre qu'elle reste
prisonnière des catégories de sexe (femme et homme) maintient
de plus l'idée que ce qui seul définit une femme, c'est sa capacité de
faire un enfant (biologie). Et bien que dans une société lesbienne,
les faits et les façons de vivre contredisent cette théorie, il y a des
lesbiennes qui affirment que « les femmes et les hommes appartiennent à des espèces ou races (les deux mots sont utilisés de façon
interchangeable) différentes ; que les hommes sont inférieurs aux
femmes sur le plan biologique ; que la violence masculine est un
phénomène biologique inévitable[6] ». Ce faisant, si nous admettons
qu'il y a une division « naturelle » entre les femmes et les hommes,
nous naturalisons l'histoire, nous faisons comme si les hommes et
les femmes avaient toujours existé et existeront pour toujours. Et
non seulement nous naturalisons l'histoire, mais aussi par conséquent nous naturalisons les phénomènes sociaux qui manifestent
notre oppression, ce qui revient à rendre tout changement impossible. Au lieu de considérer par exemple que le fait de faire un
enfant relève d'une production forcée, nous le regardons comme un
processus « naturel », « biologique », oubliant que dans nos sociétés
les naissances sont planifiées (démographie), oubliant que nous-
mêmes nous sommes programmées pour produire des enfants, alors
que c'est la seule activité sociale « excepté la guerre » qui présente
un tel danger de mort[7].

Ainsi, tant que nous serons « incapables de nous dégager volon-
tairement ou spontanément de l'obligation séculaire de la procréa-
tion à laquelle les femmes se vouent à vie comme à l'acte créateur

6.   Andrea Dworkin, « Biological Superiority, The World's Most Dangerous and
Deadly Idea », *Heresies*, vol. 46, n° 6, 1979.
7.   Ti-Grace Atkinson, *Amazon Odyssey*, New York, Links Books, 1974, p. 15. *Odyssée
d'une Amazone*, Paris, Éditions des femmes, 1975.

femelle[8] », le contrôle de la production d'enfants ira beaucoup plus loin que le simple contrôle des moyens matériels de cette production. Pour ce contrôle, les femmes devront d'abord s'abstraire de la définition « la-femme » qui leur est imposée.

Ce que montre une analyse féministe matérialiste, c'est que ce que nous prenons pour la cause ou pour l'origine de l'oppression n'est en fait que la « *marque*[9] » que l'oppresseur impose sur les opprimés : le « mythe de la femme[10] » en ce qui nous concerne, plus ses effets et ses manifestations matérielles dans les consciences et les corps appropriés des femmes. La marque ne préexiste pas à l'oppression : Colette Guillaumin a montré que le concept de race n'existait pas avant la réalité socio-économique de l'esclavage, en tout cas, pas dans son acception moderne puisqu'il désignait alors le lignage des familles (en ce temps-là, d'ailleurs, on ne pouvait être que de (la) « bonne race », si on en était). Aujourd'hui cependant race et sexe sont appréhendés comme une donnée immédiate, une donnée sensible, un ensemble de « traits physiques ». Ils nous apparaissent tout constitués comme s'ils existaient avant tout raisonnement, appartenaient à un ordre naturel. Mais ce que nous croyons être une perception directe et physique n'est qu'une construction mythique et sophistiquée, une « formation imaginaire[11] » qui réinterprète des traits physiques (en soi aussi indifférents que n'importe quels autres, mais marqués par le système social) à travers le réseau de relations dans lequel ils sont perçus. (Ils/ elles sont vus *noirs*, par conséquent ils/elles *sont* noirs ; elles sont vues femmes, par conséquent elles sont femmes. Mais avant d'être *vu(e)s* de cette façon, il a bien fallu qu'ils/elles soient *fait(e)s* noir(e)s, femmes.) Avoir une conscience lesbienne, c'est ne jamais oublier à quel point être « la-femme » était pour nous « contre-nature », contraignant, totalement opprimant et destructeur dans

8.   Andrea Dworkin, *op. cit.*
9.   Colette Guillaumin, *op. cit.*
10.   Simone de Beauvoir, *op. cit.*
11.   Colette Guillaumin, *op. cit.*

le bon vieux temps d'avant le Mouvement de libération des femmes. C'était une contrainte politique et celles qui y résistaient étaient accusées de ne pas être des « vraies » femmes. Mais dans ce temps-là nous en étions fières puisque dans l'accusation il y avait déjà comme une ombre de victoire : l'aveu par l'oppresseur qu'être « femme » n'est pas quelque chose qui va de soi, puisque pour en être une, il faut en être une « vraie » (et les autres donc ?). On nous accusait dans le même mouvement de vouloir être des hommes. Aujourd'hui cette double accusation a été reprise haut la main dans le contexte du Mouvement de libération des femmes par certaines féministes et aussi, hélas, certaines lesbiennes qui se sont donné pour tâche politique de devenir de plus en plus « féminines ». Pourtant, refuser d'être une femme ne veut pas dire que ce soit pour devenir un homme. Et d'ailleurs, si on prend pour exemple la « jules » la plus réussie, l'exemple classique de ce qui soulève le plus d'horreur, en quoi son aliénation est-elle différente de l'aliénation de celle qui veut devenir une femme ? Bonnet blanc, blanc bonnet. Au moins pour une femme, vouloir devenir un homme prouve qu'elle a échappé à sa programmation initiale. Mais même si elle le voulait de toutes ses forces, elle ne pourrait pas devenir un homme. Car devenir un homme exigerait d'une femme qu'elle ait non seulement l'apparence extérieure d'un homme, ce qui est aisé, mais aussi sa conscience, c'est-à-dire la conscience de quelqu'un qui dispose par droit d'au moins deux esclaves « naturelles » durant son temps de vie. C'est impossible et précisément, un des aspects de l'oppression subie par les lesbiennes consiste à mettre les femmes hors d'atteinte pour nous puisque les femmes appartiennent aux hommes. Une lesbienne donc doit être quelque chose d'autre, une non-femme, une non-homme, un produit de la société et non pas un produit de la « nature », car il n'y a pas de « nature » en société.

Refuser de devenir hétérosexuel (ou de le rester) a toujours voulu dire refuser, consciemment ou non, de vouloir devenir une femme ou un homme (pour les hommes homosexuels). Cela, la plupart des lesbiennes et même d'autres qui ne l'étaient pas le savaient même avant le commencement du mouvement lesbien et féministe. Pourtant comme Andrea Dworkin le souligne, depuis quelque temps de nombreuses lesbiennes « ont essayé de plus en plus massivement de transformer l'idéologie même qui nous a esclavagisées en une célébration dynamique, religieuse, psychologiquement contraignante du pouvoir biologique femelle[12] ». Ainsi, quelques avenues du mouvement lesbien et féministe nous ramènent au mythe de la femme qui avait été créé spécialement pour nous par la classe qui nous domine, grâce à quoi nous retombons dans un groupe naturel. En 1949, Simone de Beauvoir détruisait le mythe de la femme. Il y a dix ans, nous nous mettions debout pour nous battre pour une société sans sexes[13]. Aujourd'hui, nous revoilà prises au piège dans l'impasse familière du « c'est-merveilleux-d'être-femme ». En 1949, Simone de Beauvoir mettait précisément en évidence la fausse conscience qui consiste à choisir parmi les aspects du mythe (que les femmes sont différentes... des hommes) ceux qui ont bon air et à les utiliser pour définir les femmes. Mettre à l'œuvre le « c'est-merveilleuxd'être-femme », c'est retenir pour définir les femmes les meilleurs traits dont l'oppression nous a gratifiées (encore qu'ils ne soient pas si bons que ça), c'est ne pas remettre en question radicalement les catégories « homme » et « femme » qui sont des catégories politiques (pas des données de nature). Cela nous met dans la situation de lutter à l'intérieur de la classe « femmes », non pas comme les autres classes le font, pour la disparition de notre classe, mais pour la défense de *la* femme et son renforcement. Cela nous mène à développer avec complaisance de « nouvelles » théories sur notre spécificité, c'est ainsi que nous appelons notre passivité « non violence » alors que l'essentiel de notre combat politique doit consister à combattre notre passivité (notre peur, en fait, qui est justifiée). L'ambiguïté du terme « féministe » résume toute la situation. Que veut dire « féministe » ?

---

12.   Andrea Dworkin, *op. cit.*
13.   Ti-Grace Atkinson, *op. cit.* : « Si le féminisme veut être logique, il doit travailler pour obtenir une société sans sexes. »

Féministe est formé avec le mot « femme » et veut dire « quelqu'un qui lutte pour les femmes ». Pour beaucoup d'entre nous, cela veut dire « quelqu'un qui lutte pour les femmes en tant que classe et pour la disparition de cette classe ». Pour de nombreuses autres, cela veut dire « quelqu'un qui lutte pour la femme et pour sa défense » – pour le mythe, donc, et son renforcement.

Pourquoi a-t-on choisi le mot « féministe », s'il recèle la moindre ambiguïté ? Nous avons choisi de nous appeler « féministes », il y a dix ans, non pas pour défendre le mythe de la femme ou le renforcer ni pour nous identifier avec la définition que l'oppresseur fait de nous, mais pour affirmer que notre mouvement a une histoire et pour souligner le lien politique avec le premier mouvement féministe.

C'est ce mouvement donc qu'il faut questionner pour le sens qu'il a donné au mot « féminisme ». Le féminisme au siècle dernier n'a jamais pu résoudre ses contradictions en ce qui concerne les sujets de nature/culture, femme/société. Les femmes ont commencé à se battre pour elles-mêmes en tant que groupe et ont considéré avec raison que toutes les femmes avaient des traits d'oppression en commun. Mais c'était pour elles des caractéristiques biologiques plutôt que des traits sociaux. Elles sont allées jusqu'à faire leur la théorie de l'évolution de Darwin. Cependant, elles ne pensaient pas comme Darwin que « les femmes sont moins évoluées que les hommes », mais elles pensaient que la nature des hommes et des femmes avait divergé au cours du processus d'évolution et que la société dans son ensemble reflétait cette dichotomie... L'échec du premier féminisme vient du fait qu'il n'attaquait chez Darwin que l'idée de l'infériorité des femmes tout en acceptant les fonde-ments de cette affirmation, en particulier l'idée de la femme en tant qu'« unique[14] ». Ce furent finalement des universitaires femmes et non pas des féministes qui détruisirent cette théorie.

---

14. Rosalind Rosenberg, « In Search of Woman's Nature », *Feminist Studies*, automne 1975, p. 144.

Les premières féministes n'ont pas réussi à considérer l'histoire comme un processus dynamique qui se développe à partir de conflits d'intérêts. Plus, même, elles continuaient de penser comme les hommes que la cause (l'origine) de leur oppression se trouvait en elles (parmi les Noirs, on n'en était plus à cette idée). Et les féministes de ce premier front, après quelques victoires éclatantes, se sont trouvées dans une impasse et ont manqué de raisons pour continuer à se battre. Elles soutenaient le principe illogique de « l'égalité dans la différence », une idée qui est en train de renaître en ce moment même. Elles sont retombées dans le piège qui nous menace une fois de plus : le mythe de la-femme.

C'est à nous historiquement donc à définir en termes matérialistes ce que nous appelons l'oppression, à analyser les femmes en tant que classe, ce qui revient à dire que la catégorie « femme », aussi bien que la catégorie « homme », sont des catégories politiques et que par conséquent elles ne sont pas éternelles. Notre combat vise à supprimer les hommes en tant que classe, au cours d'une lutte de classe politique – non un génocide. Une fois que la classe des hommes aura disparu, les femmes en tant que classe disparaîtront à leur tour, car il n'y a pas d'esclaves sans maîtres. Notre première tâche est donc, semble-t-il, de toujours dissocier soigneusement « les femmes » (la classe à l'intérieur de laquelle nous combattons) et « la femme », le mythe. Car la-femme n'existe pas pour nous, elle n'est autre qu'une formation imaginaire, alors que « les femmes » sont le produit d'une relation sociale. Il nous faut de plus détruire le mythe à l'intérieur et à l'extérieur de nous-mêmes. La-femme n'est pas chacune de nous mais une construction politique et idéologique qui nie « les femmes » (le produit d'une relation d'exploitation). La-femme n'est là que pour rendre les choses confuses et pour dissimuler la réalité « des femmes ». Pour devenir une classe, pour avoir une conscience de classe, il nous faut d'abord tuer le mythe de la-femme, y compris dans ses aspects les plus séducteurs (voir Virginia Woolf quand elle disait que le premier devoir d'une femme écrivain, c'est de tuer l'ange du foyer). Mais se constituer en classe ne veut pas dire que nous devions nous supprimer en tant qu'individus. Nous sommes aussi confrontées avec la nécessité historique de nous constituer en tant que sujets individuels de notre histoire. C'est ce qui explique, je crois, pourquoi toutes ces tentatives de « nouvelles » définitions de la-femme se multiplient aujourd'hui. Ce qui est en jeu c'est une définition de l'individu en même temps qu'une définition de classe (et pas seulement pour les femmes évidemment). Car une fois qu'on a pris connaissance de l'oppression, on a besoin de savoir et d'expérimenter qu'on peut se constituer comme sujet (en tant qu'opposé à objet d'oppression), qu'on peut devenir quelqu'un en dépit de l'oppression.

La question du sujet et de l'individu est historiquement une question difficile pour tout le monde. Le marxisme, dernier avatar en date du matérialisme, la science qui nous a formé(e)s politiquement, ne veut rien savoir de ce qui touche au « sujet ». Le marxisme a rejeté le sujet transcendantal, la conscience « pure », le sujet « en soi » constitutif de connaissance. Tout ce qui pense « en soi » avant toute expérience a fini dans la poubelle de l'histoire, tout ce qui prétendait exister en dehors de la matière, avant la matière, tout ce qui avait besoin de Dieu, d'une âme ou d'un esprit pour exister. C'est ce qu'on appelle l'idéalisme. Quant aux individus, puisqu'ils ne sont que le produit de relations sociales, ils ne peuvent être qu'aliénés dans leur conscience (Marx précise dans *L'Idéologie allemande* que les individus de la classe dominante sont eux aussi aliénés quoiqu'ils soient les producteurs directs des idées qui aliènent les classes qu'ils oppriment. Mais comme ils tirent des avantages évidents de leur propre aliénation, elle ne les fait pas trop souffrir). Il existe aussi une conscience de classe, mais en tant que telle, cette conscience ne peut pas se référer à un sujet particulier, sauf comme participant des conditions générales de l'exploitation, en même temps que les autres individus de cette classe, qui partagent tous la même conscience. Quant aux problèmes pratiques de classe avec lesquels – en dehors des problèmes traditionnellement définis comme de classe – on pouvait s'affronter même avec une conscience

de classe, par exemple les problèmes dits sexuels, ils étaient consi-
dérés comme des problèmes «bourgeois» qui devaient disparaître avec la victoire finale de la lutte des classes. «Individualiste»,
«petit-bourgeois», «subjectiviste», telles étaient les étiquettes
attribuées à toute personne ayant fait preuve de problèmes qui ne
pouvaient pas se réduire à être condensés dans ceux de la «lutte des
classes» proprement dite.

C'est ainsi que le marxisme a refusé aux membres des classes
opprimées la qualité de sujet. Ce faisant, le marxisme, à cause
du pouvoir politique et idéologique que cette «science révolutionnaire» a exercé immédiatement sur le mouvement ouvrier
et les autres groupes politiques, a empêché toutes les catégories
d'opprimé(e)s de se constituer comme sujets (par exemple comme
sujets de leurs luttes). Cela veut dire que les «masses» n'ont pas
combattu pour elles-mêmes mais pour *le* parti et ses organisa-
tions. Et quand une transformation économique a eu lieu (fin de la
propriété privée, constitution de l'État socialiste), il n'y a pas eu de
changement révolutionnaire dans la nouvelle société.

Pour les femmes, le marxisme a eu deux conséquences: il les a
empêchées de se penser et par conséquent de se constituer comme
une classe pendant très longtemps, en faisant échapper au social la
relation femmes/hommes, en en faisant une relation «naturelle»,
sans doute la seule qui le soit avec celle des mères et des enfants,
en cachant le conflit de classe des hommes et des femmes derrière
une division «naturelle» du travail (voir *L'Idéologie allemande*). Cela
pour le niveau théorique (idéologique). Dans la pratique, Lénine, le
parti, tous les partis communistes jusqu'à ce jour et toutes les orga-
nisations communistes gauchistes ont toujours réagi a toute tentative de réflexion ou de regroupement des femmes à partir de leur
propre problème de classe par l'accusation de divisionnisme. En
nous unissant, nous femmes, nous divisons les forces du peuple.
C'est que pour les marxistes, les femmes «appartiennent» soit à
la classe bourgeoise, soit à la classe prolétarienne, c'est-à-dire aux
hommes de ces classes. De plus, la théorie marxiste ne permet pas

plus aux femmes qu'aux autres catégories d'opprimés de se constituer comme des sujets historiques parce que le marxisme ne prend
pas en compte le fait qu'une classe, ce sont aussi des individus un par
un. Une conscience de classe ne suffit pas. Il nous faut comprendre
philosophiquement (politiquement) les concepts de « sujet » et de
« conscience de classe » et comment ils fonctionnent en relation
avec notre histoire. Quand nous découvrons que les femmes sont
les objets d'une oppression, d'une appropriation, dans le moment
même où nous pouvons le concevoir, nous devenons des sujets dans
le sens de sujets cognitifs, à travers une opération d'abstraction. La
conscience de l'oppression n'est pas seulement une réaction (une
lutte) contre l'oppression.

C'est aussi une totale réévaluation conceptuelle du monde social,
sa totale réorganisation conceptuelle à partir de nouveaux concepts
développés du point de vue de l'oppression. C'est ce que j'appellerais
la science de l'oppression, la science par les opprimé(e)s. Cette
opération de compréhension de la réalité doit être entreprise par
chacune de nous : on peut l'appeler une pratique subjective, cognitive. Cette pratique s'accomplit à travers le langage, de même que le
mouvement de va-et-vient entre deux niveaux de la réalité sociale (la
réalité conceptuelle et la réalité matérielle de l'oppression).

Christine Delphy montre que c'est à nous qu'il incombe historiquement d'entreprendre de définir ce que c'est qu'un sujet
individuel en termes matérialistes. À coup sûr, cela semble une
impossibilité puisque subjectivité et matérialisme ont toujours
été mutuellement exclusifs. N'est-ce pas ainsi pourtant qu'il faut
comprendre l'abandonnement par de nombreuses d'entre nous au
mythe de la femme : il s'explique par la nécessité réelle pour nous
toutes d'atteindre à la subjectivité (le mythe de la femme n'étant
que le miroir aux alouettes qui égare notre démarche), c'est-à-dire
par la nécessité pour chaque être humain d'exister en tant qu'individu en même temps que comme membre d'une classe. C'est peut-
être la première condition pour l'accomplissement de la révolution
que nous voulons, sans laquelle il ne peut y avoir de combat réel ou

de transformation. Mais pareillement, sans conscience de classe, il n'y a pas de réels sujets, seulement des individus aliénés. Cela veut dire qu'en ce qui concerne les femmes, répondre à la question du sujet individuel en termes matérialistes c'est d'abord montrer, comme les lesbiennes et les féministes l'ont fait, que des problèmes prétendument subjectifs, « individuels », « privés », sont en fait des problèmes sociaux, des problèmes de classe, que la « sexualité » n'est pas pour les femmes une expression individuelle, subjective, mais une institution sociale de violence. Mais une fois que nous avons montré que tous les problèmes prétendument personnels sont en fait des problèmes de classe, il nous reste encore le problème du sujet de chaque femme, prise isolément, non pas le mythe, mais chacune de nous. À ce point, disons qu'une nouvelle définition de la personne et du sujet pour toute l'humanité ne peut être trouvée qu'au-delà des catégories de sexe (femme et homme) et que l'avènement de sujets individuels exige d'abord la destruction des catégories de sexe, la cessation de leur emploi et le rejet de toutes les sciences qui les utilisent comme leurs fondements (pratiquement toutes les sciences humaines).

Mais détruire « la femme », sauf à nous détruire physiquement, ne veut pas dire que nous visions à détruire le lesbianisme (dans la même foulée que les catégories de sexe) parce que le lesbianisme pour le moment nous fournit la seule forme sociale dans laquelle nous puissions vivre libres.

De plus, « lesbienne » est le seul concept que je connaisse qui soit au-delà des catégories de *sexe* (femme et homme) parce que le sujet désigné (lesbienne) N'EST PAS une femme, ni économiquement, ni politiquement, ni idéologiquement. Car en effet ce qui fait une femme, c'est une relation sociale particulière à un homme, relation que nous avons autrefois appelée de servage, relation qui implique des obligations personnelles et physiques aussi bien que des obligations économiques (« assignation à résidence[15] », corvée

15.   Christiane Rochefort, *Les Stances à Sophie*, Paris, Grasset, 1963.

domestique, devoir conjugal, production d'enfants illimitée, etc.),
relation à laquelle les lesbiennes échappent en refusant de devenir
ou de rester hétérosexuelles. Nous sommes transfuges à notre
classe de la même façon que les esclaves « marrons » américains
l'étaient en échappant à l'esclavage et en devenant des hommes et
des femmes libres, c'est-à-dire que c'est pour nous une nécessité
absolue, et comme pour eux et pour elles, notre survie exige de
contribuer de toutes nos forces à la destruction de la classe – les
femmes – dans laquelle les hommes s'approprient les femmes et
cela ne peut s'accomplir que par la destruction de l'hétérosexualité
comme système social basé sur l'oppression et l'appropriation des
femmes par les hommes et qui produit le corps de doctrines sur la
différence entre les sexes pour justifier cette oppression.

3.
La pensée straight

Durant ces vingt dernières années la question du langage a dominé dans les systèmes théoriques, dans les sciences dites humaines, et elle est entrée dans les discussions politiques des mouvements de lesbiennes et de libération des femmes. C'est qu'il s'agit là d'un champ politique important où ce qui se joue c'est le pouvoir – ou plutôt un enchevêtrement de pouvoirs car il y a une multiplicité de langages qui agissent constamment la réalité sociale. L'importance du langage en tant que tel comme enjeu politique n'est apparue que récemment (les Grecs classiques savaient néanmoins que, sans la maîtrise de techniques oratoires, il n'y a pas de pouvoir politique, surtout dans une démocratie).

Le développement gigantesque de la linguistique, la multiplication des écoles, l'apparition des sciences de la communication, la technicité des métalangages que ces sciences utilisent, constituent des symptômes de l'importance de cet enjeu politique. La science du langage a envahi d'autres sciences telles que l'anthropologie avec Lévi-Strauss, la psychanalyse avec Lacan et aussi toutes les disciplines qui travaillent à partir du structuralisme.

La première sémiologie de Roland Barthes a failli échapper à la domination de la linguistique pour se constituer en analyse politique des différents systèmes de signes, mettant en relation tel système de signes – par exemple les mythes de la classe petite-bourgeoise – et la lutte des classes du capitalisme, que ce système a pour effet de voiler. On pouvait se croire sauvé car la sémiologie politique constitue une arme (une méthode) précise pour s'attaquer à l'idéologie. Mais le miracle n'a pas duré. Plutôt que d'introduire en quelque sorte dans la sémiologie des concepts qui lui sont étrangers – dans ce cas, des concepts marxistes – Barthes considère maintenant que la sémiologie n'est qu'une branche de la linguistique et que son objet c'est le langage.

Ainsi le monde tout entier est un grand registre ou viennent s'inscrire les langages les plus divers tels le langage de la mode, le langage de l'Inconscient, le langage de l'échange des femmes où des êtres humains sont littéralement les signes qui servent à la communication. Ces langages ou plutôt ces discours s'emboîtent les uns dans les autres, s'interpénètrent, se supportent, se renforcent, s'auto-engendrent et en engendrent d'autres. La linguistique engendre la sémiologie et la linguistique structurale, la linguistique engendre le structuralisme, lequel engendre l'Inconscient Structural. L'ensemble de ces discours effectue un brouillage – du bruit et de la confusion – pour les opprimés, qui leur fait perdre de vue la cause matérielle de leur oppression et les plonge dans une sorte de vacuum a-historique.

Car ces discours donnent de la réalité sociale une version scientifique où les humains sont donnés comme invariants, intouchés par l'histoire, intravaillés par des conflits d'intérêts et de classe, avec une psyché pour chacun identique parce que programmée génétiquement. Également intouchée par l'histoire et intravaillée par les conflits de classe, cette psyché fournit aux spécialistes depuis le début du XXe siècle tout un arsenal d'invariants : le fameux langage symbolique qui a l'avantage de fonctionner à partir de très peu d'éléments puisque les symboles que la psyché produit « inconsciemment » sont très peu nombreux. Ils sont donc, par voie de théorisation et de thérapie, très faciles à imposer à l'inconscient collectif et individuel. Moyennant quoi, on nous apprend que l'inconscient a le bon goût de se structurer automatiquement à partir de ces symboles/métaphores, par exemple le nom-du-père, le complexe d'Œdipe, la castration, le meurtre ou la mort du père, l'échange des femmes, etc. Pourtant si les inconscients sont faciles à contrôler, ce n'est pas par n'importe qui et, de même que les révélations mystiques, l'apparition des symboles dans la psyché exige des interprétations multiples. Seuls des spécialistes sont à même de mener à bien le déchiffrement de l'inconscient. Eux seuls, les psychanalystes, sont autorisés à opérer les groupements de manifestations psychiques qui feront surgir le symbole dans son plein sens. Et tandis que le langage symbolique est extrêmement pauvre et essentiellement lacunaire, les langages ou métalangages qui l'interprètent se développent, chacun d'eux avec un faste, une richesse, que seules les exégèses théologiques ont égalés.

Qui a donné aux psychanalystes leur savoir ? Par exemple, pour Lacan, ce qu'il appelle le « discours psychanalytique » et l'« expérience analytique », lui « apprennent » tous deux ce qu'il sait déjà. Et chacun lui apprend ce que l'autre lui a appris. Niera-t-on (et qui par-dessus le marché ?) que Lacan ait pris connaissance « scientifiquement » dans l'« expérience analytique » (une expérimentation en quelque sorte) des structures de l'inconscient ? Fera-t-on irrationnellement abstraction des discours des psychanalysé(e)s couché(e)s sur leur divan ? Pour moi il n'y a aucun doute que Lacan ait trouvé dans « l'inconscient » les structures qu'il dit y avoir trouvé puisqu'il les y avait mises auparavant. Celles (et ceux) qui ne sont pas tombé(e)s au pouvoir de l'institution psychanalytique peuvent éprouver un immense sentiment de tristesse devant le degré d'oppression (de manipulation) que les discours des psychanalysé(e)s manifestent. Car dans l'expérience analytique il y a un opprimé, c'est le psychanalysé dont on exploite le besoin de communiquer et qui, tout comme les sorcières jadis ne pouvaient sous la torture que répéter le langage que les inquisiteurs voulaient entendre, n'a d'autre choix, s'il ne veut pas rompre le contrat implicite qui lui permet de communiquer et dont il a besoin, que d'essayer de dire ce qu'on veut qu'il dise. Il paraît que ça peut durer à vie. Cruel contrat qui contraint un être humain à faire étalage de sa misère à l'oppresseur qui en est directement responsable, qui l'exploite économiquement, politiquement, idéologiquement et dont l'interprétation la réduit à quelques figures de discours.

Pourtant le besoin de communiquer que ce contrat « consenti » implique ne peut-il s'accomplir que dans la cure psychanalytique (« l'expérience analytique » pour le savant) ? Ce besoin de communiquer peut-il s'accomplir dans le fait d'être soigné ou « expérimenté » ? Si l'on en croit les témoignages des lesbiennes, des hommes homosexuels et des féministes il n'en est rien[1]. Tous ces témoignages soulignent le sens politique que revêt dans la société hétérosexuelle actuelle l'impossibilité de communiquer autrement qu'avec un psychanalyste pour les lesbiennes, les hommes homosexuels et les femmes. La prise de conscience de l'état de choses général (ce n'est pas qu'on est malade ou à soigner, c'est qu'on a un ennemi) provoque généralement de la part des opprimé(e)s une rupture du contrat psychanalytique.

Les discours qui nous oppriment tout particulièrement nous lesbiennes féministes et hommes homosexuels et qui prennent pour acquis que ce qui fonde la société, toute société, c'est l'hétérosexualité[2], ces discours nous nient toute possibilité de créer nos propres catégories, ils nous empêchent de parler sinon dans leurs termes et tout ce qui les remet en question est aussitôt méconnu comme « primaire ». Notre refus de l'interprétation totalisante de la psychanalyse fait dire que nous négligeons la dimension symbolique. Ces discours parlent de nous et prétendent dire la vérité sur nous dans un champ a-politique comme si rien de ce qui signifie pouvait échapper au politique et comme s'il pouvait exister en ce qui nous concerne des signes politiquement insignifiants.

---

1.   Voir par exemple Karla Jay et Allen Young (dir.), *Out of the Closets: Voices of Gay Liberation*, New York, Links Books, 1972.

2.   Hétérosexualité : un terme qui fait sa première apparition en français en 1911.

Leur action sur nous est féroce, leur tyrannie sur nos personnes physiques et mentales est incessante. Quand on recouvre du terme généralisant d'idéologie au sens marxiste vulgaire tous les discours du groupe dominant, on relègue ces discours dans le monde des idées irréelles. On néglige la violence matérielle qu'ils font directement aux opprimé(e)s, violence qui s'effectue aussi bien par l'intermédiaire des discours abstraits et « scientifiques » que par l'intermédiaire de discours de grande communication. J'insiste sur cette oppression matérielle des individus par les discours[3], et je voudrais en souligner les effets immédiatement en prenant l'exemple de la pornographie.

Ses images – films, photos de magazines, affiches publicitaires sur les murs des villes – constituent un discours et ce discours a un sens : il signifie que les femmes sont dominées. Des sémioticiens peuvent interpréter ce discours dans ce qu'il y a de systématique dans son agencement. Et ce qu'ils lisent alors dans ce discours, ce sont des signes qui n'ont pas pour fonction de signifier et qui n'ont de raison d'être que d'être des éléments d'un certain système ou agencement.

Pour nous pourtant ce discours n'est pas divorcé du « réel » comme il l'est pour des sémioticiens. Non seulement il entretient des relations très étroites avec la réalité sociale qu'est notre oppression (économique et politique). Mais il est lui-même *réel* puisqu'il est une des manifestations de l'oppression et il exerce son pouvoir précis sur nous. Le discours pornographique fait partie des stratégies de violence qui sont exercées à notre endroit, il humilie, dégrade, il est un crime contre notre « humanité ». Comme tactique de harcèlement, il a une autre fonction, celle d'un avertissement, il nous ordonne de rester dans les rangs, il nous met au pas pour celles qui auraient tendance à oublier qui elles sont, il fait appel à la peur. Ces mêmes experts en sémiotique dont nous parlions plus haut

---

3. Colette Guillaumin, « Pratique du pouvoir et idée de Nature. I, L'appropriation des femmes ; II, Le discours de la nature », *Questions Féministes*, n° 2, février 1978 et n° 3, mai 1978. Articles repris dans *Sexe, race et pratique du pouvoir, op. cit.*

nous reprochent de confondre, quand nous manifestons contre la pornographie, les discours avec la réalité. Ils ne voient pas que ce discours *est* la réalité pour nous, une des facettes de la réalité de notre oppression, ils croient que nous nous trompons de niveau d'analyse.

J'ai pris l'exemple de la pornographie parce que son discours est le plus symptomatique et le plus démonstratif de la violence qui nous est faite à travers les discours comme en général dans la société. Ce pouvoir qu'ont la science ou la théorie d'agir matériellement sur nos personnes n'a rien d'abstrait si le discours qu'elles produisent l'est. Il est une des formes de la domination, son expression dit Marx. Je dirais plutôt un de ses exercices. Tous les opprimés le connaissent et ont eu affaire à ce pouvoir, c'est celui qui dit : tu n'as pas droit à la parole parce que ton discours n'est pas scientifique, pas théorique, tu te trompes de niveau d'analyse, tu confonds discours et réel, tu tiens un discours naïf, tu méconnais telle ou telle science, tu ne dis pas ce que tu dis.

Si les discours des systèmes théoriques et des sciences humaines exercent un pouvoir sur nous, c'est parce qu'ils travaillent avec des concepts qui nous touchent de près. Malgré l'avènement historique des mouvements de libération des féministes, des lesbiennes et des hommes homosexuels dont les interventions ont déjà bouleversé les catégories philosophiques et politiques de ces discours dans leur ensemble, ces catégories ainsi brutalement remises en question ne continuent pas moins d'être utilisées sans examen par la science contemporaine. Les catégories dont il est question fonctionnent comme des concepts primitifs dans un conglomérat de toutes sortes de disciplines, théories, courants, idées que j'appellerai « la pensée *straight* » (en référence à la « pensée sauvage » de Lévi-Strauss). Il s'agit de « femme », « homme », « différence », et de toute la série de concepts qui se trouvent affectés par ce marquage, y compris des concepts tels que « histoire », « culture », et « réel ». Et bien qu'on ait admis ces dernières années qu'il n'y a pas de nature, que tout est culture, il reste au sein de cette culture un noyau de nature qui résiste à l'examen, une relation qui revêt un caractère d'inéluctabilité dans la culture comme dans la nature, c'est la relation hétérosexuelle ou relation obligatoire entre « l'homme » et « la femme ». Ayant posé comme un principe évident, comme une donnée antérieure à toute science, l'inéluctabilité de cette relation, la pensée straight se livre à une interprétation totalisante à la fois de l'histoire, de la réalité sociale, de la culture et des sociétés, du langage et de tous les phénomènes subjectifs.

Je ne peux que souligner ici le caractère oppressif que revêt la pensée straight dans sa tendance à immédiatement universaliser sa production de concepts, à former des lois générales qui valent pour toutes les sociétés, toutes les époques, tous les individus. C'est ainsi qu'on parle de *l'*échange des femmes, *la* différence des sexes, *l'*ordre symbolique, *l'*inconscient, *le* désir, *la* jouissance, *la* culture, *l'*histoire, catégories qui n'ont de sens actuellement que dans l'hétérosexualité ou pensée de la différence des sexes comme dogme philosophique et politique.

Cette tendance à l'universalité a pour conséquence que la pensée straight ne peut pas concevoir une culture, une société où l'hétérosexualité n'ordonnerait pas non seulement toutes les relations humaines mais sa production de concepts en même temps que tous les processus qui échappent à la conscience. Ces processus inconscients deviennent d'ailleurs historiquement de plus en plus impératifs dans ce qu'ils nous apprennent sur nous-mêmes par l'intermédiaire des spécialistes. Et la rhétorique qui les interprète, s'enveloppant de mythes, recourant aux énigmes, procédant par accumulations de métaphores, et dont je ne sous-estime pas la séduction, a pour fonction de poétiser le caractère obligatif du tu seras hétérosexuel(le) ou tu ne seras pas.

Oui, la société hétérosexuelle est fondée sur la nécessité de l'autre différent à tous les niveaux. Elle ne peut pas fonctionner sans ce concept ni économiquement ni symboliquement ni linguistiquement ni politiquement. Cette nécessité de l'autre-différent est une nécessité ontologique pour tout le conglomérat de sciences et de disciplines que j'appelle la pensée straight. Or qu'est-ce que l'autre-différent sinon le dominé? Car la société hétérosexuelle n'est pas la société qui opprime seulement les lesbiennes et les hommes homosexuels, elle opprime beaucoup d'autres-différents, elle opprime toutes les femmes et de nombreuses catégories d'hommes, tous ceux qui sont dans la situation de dominés. Car constituer une différence et la contrôler est « un acte de pouvoir puisque c'est un acte essentiellement normatif. Chacun s'essaie à présenter autrui comme différent. Mais tout le monde n'y parvient pas. Il faut être socialement dominant pour y réussir[4] ».

Le concept de « différence des sexes » par exemple constitue ontologiquement les femmes en autres différents. Les hommes eux ne sont pas différents. (Les Blancs non plus d'ailleurs ni les maîtres mais les Noirs le sont et les esclaves aussi). Or pour nous il n'y a pas d'être-femme ou d'être-homme. « Homme » et «femme» sont des concepts d'opposition, des concepts politiques[5]. Et dialectiquement la copule qui les réunit est en même temps celle qui les abolit, c'est la lutte de classe entre hommes et femmes qui abolira les hommes et les femmes[6]. Et la différence a pour fonction de masquer les conflits d'intérêt à tous les niveaux, y compris idéologique.

C'est bien dire que pour nous il ne peut plus y avoir de femmes, ni d'hommes, qu'en tant que classes et qu'en tant que catégories de pensées et de langage, ils doivent disparaître politiquement, économiquement, idéologiquement. Si nous lesbiennes, homosexuels nous continuons à nous dire, à nous concevoir des femmes, des hommes, nous contribuons au maintien de l'hétérosexualité. Je suis sûre qu'une transformation économique et politique ne dédramatisera pas ces catégories de langage. Rachète-t-on esclave? En quoi

---

4.   Claude Faugeron et Philippe Robert, *La Justice et son public et les représentations sociales du système pénal*, Paris, Masson, 1978.
5.   Nicole-Claude Mathieu, « Notes pour une définition sociologique des catégories de sexe », *Épistémologie sociologique*, n° 11, 1971 pour sa définition de « sexe social ». Repris dans *L'Anatomie Politique*, Paris, Côté-femmes, 1991.
6.   De même que pour la lutte des classes au sens marxiste où les catégories d'opposition sont « réconciliées » par la lutte dont le but est de les faire disparaître.

femme est-il différent ? Va-t-on continuer à écrire Blanc, maître, homme ? La transformation des rapports économiques ne suffit pas. Il nous faut opérer une transformation politique des concepts-clés, c'est-à-dire les concepts qui sont stratégiques pour nous. Car il y a un autre ordre de matérialité qui est celui du langage et qui est travaillé par ces concepts stratégiques. Il y a un autre champ politique où tout ce qui touche au langage, à la science et à la pensée renvoie à la personne en tant que subjectivité[7]. Et nous ne pouvons plus le laisser au pouvoir de la pensée straight ou pensée de la domination.

Si parmi toutes les productions de la pensée straight, je prends plus particulièrement à partie le structuralisme et l'inconscient structural, c'est qu'au moment historique où la domination des groupes sociaux ne peut plus apparaître aux dominés comme une nécessité ontologique parce qu'ils se révoltent, parce qu'ils questionnent la différence, Lévi-Strauss, Lacan et leurs épigones font appel à des nécessités qui échappent au contrôle de la conscience et donc à la responsabilité des individus, comme par exemple les processus inconscients qui exigent et ordonnent l'échange des femmes comme une condition nécessaire à toute société. C'est d'après eux ce que nous dit l'inconscient avec autorité, et l'ordre symbolique en dépend sans lequel il n'y a pas de sens, pas de langage, pas de société. Or que veut dire que les femmes soient échangées sinon qu'elles sont dominées. Il ne faut par conséquent pas s'étonner qu'il n'y ait qu'un inconscient et qu'il soit hétérosexuel, c'est un inconscient qui veille trop consciemment aux intérêts[8] des maîtres qu'il habite pour qu'on les en dépossède si aisément. D'ailleurs la domination est niée, il n'y a pas esclavage des femmes, il y a différence. À quoi je répondrai par cette phrase d'un paysan roumain à une assemblée publique où il était député en

---

7. Christine Delphy, « Pour un féminisme matérialiste », *L'Arc*, n° 61, 1975. Repris dans *L'Ennemi principal*, tome I, Paris, Syllepse, 1998.
8. Est-ce que les revenus annuels en millions de dollars des psychanalystes sont symboliques ?

1848 : « *Why do the gentlemen say it was not slavery, for we know it to have been slavery, this sorrow that we have sorrowed* » (« pourquoi ces messieurs disent-ils que ce n'était pas de l'esclavage, car nous savons que ça a été de l'esclavage, cette peine que nous avons peinée »). Oui nous le savons et cette science des opprimés ne peut pas nous être enlevée.

C'est de là qu'il faut traquer le cela-va-de-soi hétérosexuel et, je paraphrase le premier Roland Barthes, « ne pas supporter de voir la Nature et l'Histoire confondues à chaque pas », faire apparaître brutalement que le structuralisme, la psychanalyse et particulièrement Lacan ont opéré une rigide mythification de leurs concepts, la Différence, le Désir, le Nom-du-Père, ils ont même sur-mythifié les mythes, opération qui leur a été nécessaire pour hétérosexualiser systématiquement ce qui apparaissait de la dimension personnelle dans le champ historique par l'intermédiaire des personnes dominées, en particulier les femmes qui sont entrées en lutte il y a plus d'un siècle. Et systématiquement ce fut fait dans un concert d'interdisciplinarité qui n'a jamais été si harmonieux que depuis que les mythes hétérosexuels se sont mis à circuler avec aisance d'un système formel à l'autre comme des valeurs sûres que l'on peut investir aussi bien dans l'anthropologie que dans la psychanalyse, comme d'ailleurs dans toutes les sciences humaines.

Cet ensemble de mythes hétérosexuels, c'est un système de signes qui utilise des figures de discours et donc il peut être étudié politiquement depuis la science de notre oppression « *for-we-know-it-to-have-beenslavery* », dynamique qui introduit la diachronie de l'histoire dans le discours figé des essences éternelles. Ce travail devrait être en quelque sorte une sémiologie politique.

Pendant ce temps-là dans les systèmes qui paraissaient si universels et éternels, humains en quelque sorte, qu'on pouvait en tirer des lois avec lesquelles bourrer des ordinateurs et en tout cas pour le moment la machine inconsciente, dans ces systèmes il s'opère, grâce à notre action et à notre langage, des glissements. Tel modèle comme par exemple l'échange des femmes réengouffre l'histoire de façon si brutale et violente que le système qu'on croyait formel bascule dans une autre dimension de connaissance. Cette dimension nous appartient puisque nous y avons été désignées en quelque sorte. Et puisque comme dit Lévi-Strauss nous parlons, disons et ne craignons pas que nos mots soient dépourvus de sens, disons que nous rompons le contrat hétérosexuel.

Eh bien c'est ce que les lesbiennes disent un peu partout dans ce pays sinon avec des théories du moins par leur pratique sociale dont les répercussions sur la culture hétérosexuelle sont encore inenvisageables. Un anthropologue dira qu'il faut attendre cinquante ans. Oui, pour universaliser les fonctionnements d'une société et en dégager les invariants. En attendant les concepts hétéros se minent. Qu'est-ce que la-femme? Branle-bas général de la défense active. Franchement c'est un problème que les lesbiennes n'ont pas, simple changement de perspective, et il serait impropre de dire que les lesbiennes vivent, s'associent, font l'amour avec des femmes car la-femme n'a de sens que dans les systèmes de pensée et les systèmes économiques hétérosexuels. Les lesbiennes ne sont pas des femmes.

4

À propos
du contrat social

J'entreprends une tâche difficile : il s'agit de réévaluer la notion de contrat social en tant que notion de philosophie politique. C'est une notion née avec le XVIIe et le XVIIIe siècles. C'est également le titre d'un livre de Rousseau : *Du contrat social ou Principes du droit politique*.

Plus tard, Marx et Engels se sont élevés contre le concept de contrat social parce qu'il est en opposition avec la nécessité de la lutte des classes. Historiquement, c'était une idée dépassée qui ne concernait pas le prolétariat. (Dans *L'Idéologie allemande*, il est clair que, pour Marx et Engels, la lutte prolétarienne, en fonction de ses relations à la production et au travail, ne peut confronter l'ordre social qu'en masse.) Selon eux, le terme « contrat social », dans la mesure où il implique une idée de choix individuel et d'association volontaire, peut s'appliquer aux serfs. En effet, durant plusieurs siècles, ils se sont libérés, un par un, fuyant la terre à laquelle ils étaient attachés. Et c'est aussi un par un que les serfs se sont associés pour former des villes, d'où le nom de bourgeois qui leur a été donné plus tard, c'est-à-dire les gens qui ont créé un bourg[1].

---

1. Colette Guillaumin, « Pratique du pouvoir et idée de Nature II », *Questions Féministes*, n° 3, mai 1978. Repris dans *Sexe, race et pratique du pouvoir, op. cit.* « Serfs fugitifs et artisans sont à l'origine, dans les regroupements urbains du Moyen Âge, du

J'ai toujours pensé que les femmes en tant que groupe social présentent une structure assez semblable à la classe des serfs. Corvéables comme eux et, comme eux, attachées à ce qu'on peut comparer à la terre, la famille – là où une chèvre est attachée, il faut qu'elle broute. Je constate à présent qu'elles ne peuvent s'arracher à l'ordre hétérosexuel qu'en le fuyant une par une. C'est ce qui explique mon intérêt pour une notion telle que le contrat social, une notion pré-industrielle. En effet, la structure de notre classe toute entière en termes mondiaux est par essence féodale et maintient côte à côte et dans les mêmes personnes des formes de production et d'exploitation qui sont à la fois capitalistes et pré-capitalistes.

C'est l'un des aspects de ma tâche en termes élargis. Un autre aspect de mon travail concerne le langage. Car pour un écrivain, le langage se présente comme un matériau très concret auquel on peut s'accrocher. Mais dans sa forme sociale, achevée, le langage est aussi le premier contrat social, permanent, définitif. Car le premier accord entre les êtres humains, ce qui fait d'eux des êtres humains et des êtres sociaux, c'est le langage. L'histoire de la tour de Babel est un parfait exemple de ce qui se passe quand l'accord se dissout.

Pour avoir employé le terme « contrat hétérosexuel » plusieurs fois dans mes précédents essais en même temps qu'avoir parlé du « contrat social en tant qu'hétérosexuel », je me sens tenue de réfléchir sur cette notion de contrat social. Pourquoi cette notion a-t-elle quelque chose d'irrésistible pour moi alors même qu'elle semble avoir été abandonnée par la science moderne et par l'Histoire ? Pourquoi réverbère-t-elle ici et maintenant, loin de son *momentum* initial ? Pourquoi ai-je en même temps souligné avec véhémence la nécessité de détruire le contrat social hétérosexuel ? La question générale du contrat social est un problème philosophique

---

mouvement des communes qui développait une solidarité anti-féodale, nécessaire pour résister aux essais de reprise ou de mainmise des féodaux sur les individus qui tentaient de prendre leur liberté. »

toujours actuel dans la mesure où elle comprend toutes les activités humaines, les relations, la pensée, tant que « l'homme [qui] est né libre [...] [est] [...] partout dans les fers » (Rousseau).

La promesse du contrat social de s'accomplir pour le bien de tous et de chacun ne s'est pas accomplie historiquement, elle garde donc sa dimension d'utopie. Voici en quelques lignes le dessin minimal que Rousseau donne du contrat social : « Trouver une forme d'association qui défende et protège de toute la force commune la personne et les biens de chaque associé, et par laquelle chacun s'unissant à tous n'obéisse pourtant qu'à lui-même et reste aussi libre qu'auparavant. » Ce n'est pas sous ce contrat idéal que nous vivons, mais sous un contrat bâtard qui ne dit pas son nom. C'est de ce dernier qu'il est question ici, c'est celui que j'interroge avec celui de Rousseau en filigrane.

Dans son aspect général il concerne tous les humains. Mais quand je dis qu'il faut rompre le contrat hétérosexuel en tant que tel, je désigne le groupe humain « femmes ». Je n'entends pourtant pas là qu'il faut rompre le contrat social en tant que tel car ce serait absurde. Ce qui doit être rompu, c'est bien le contrat d'hétérosexualité qui fait aussi sans aucun doute partie implicitement du contrat idéal de Rousseau. Si j'examine ce qu'un contrat bien établi peut accomplir pour nous, je dois d'abord examiner les conditions historiques et les conflits qui peuvent nous permettre de mettre fin aux obligations qui nous garrottent sans notre consentement, puisque nous ne jouissons pas de réciprocité, la condition nécessaire à notre liberté, pour paraphraser Rousseau.

L'ensemble des relations entre les sexes, en soi un délinéateur très précis du dessin général de la société, contient et donne forme au contrat social, tel qu'il existe, car il en existe bien un, même si ce n'est pas celui dont Rousseau rêvait. Il y a donc des raisons historiques – aussi bien que philosophiques – pour s'intéresser à ce que Rousseau voulait dire, qui tiennent aux structures des groupes de sexe et à leur situation spécifique dans toutes les relations sociales de production et de commerce individuel.

La notion de contrat social a été précédée par les réflexions de Hobbes et de Locke, des philosophes anglais du XVIIᵉ siècle. Avec la désintégration des théocraties comme seules formes d'État possible, avec la remise en question de Dieu comme pourvoyeur de toute autorité, les philosophes parlaient de la formation de la société en termes de pacte social, de convention.

Et ce faisant, ils se référaient à une sorte de pacte premier qui aurait eu pour fonction de lier les gens entre eux. Mais, dans leur conception, aucune forme de société ne peut échapper à ce principe fondateur que « le droit, c'est la force ». C'était bien l'avis d'Aristote quand, dans *La Politique*, il décrit comment doit se constituer l'État. Pour lui, établir une société n'exigeait pas l'accord de ses membres, ni leur bien. Il y fallait un coup de force, une imposition sur ceux qui ne pensent pas – en général les costauds. En ses termes :

> Essentielle est la combinaison entre gouvernants et gouvernés, la raison de leur union étant leur mutuelle sécurité. Car celui qui peut par son intelligence prévoir les choses nécessaires est par nature un gouvernant et un maître ; tandis que celui dont la force physique ne lui permet que de les accomplir est par nature un esclave, un de ceux qui sont gouvernés. Ainsi il y a un intérêt commun qui unit le maître et l'esclave.

Voilà ce que Rousseau appellerait une « agrégation » et pas une « association ». Rousseau est le premier philosophe à ne pas consi-dérer comme chose nécessaire à la bonne marche d'une société qu'elle s'appuie sur la raison du plus fort. Rien n'est plus plaisant que ses sarcasmes sur le droit du plus fort qu'il décrit comme une contradiction dans les termes :

> Le plus fort n'est jamais assez fort pour être toujours le maître s'il ne transforme sa force en droit et l'obéissance en devoir. [...] De là, le droit du plus fort ; droit pris ironiquement en apparence, et réellement établi en principe [...]. Céder à la force est un acte de nécessité, non de volonté ; c'est tout au plus un acte de prudence. En quel sens pourra-ce être un devoir ? [...] Sitôt que c'est la force qui fait le droit, l'effet change avec la cause [...]. Or qu'est-ce qu'un droit qui périt quand la force cesse ?

S'il faut obéir par force, on n'a pas besoin d'obéir par devoir, et si l'on n'est plus forcé d'obéir, on n'y est plus obligé. On voit donc que ce mot de droit n'ajoute rien à la force ; il ne signifie rien du tout.

Pour en revenir au groupe « femmes », leur situation historique vaut bien de réfléchir sur ce qui affecte leur existence sans leur consentement. Je paraphrase encore Rousseau. Je ne suis pas un prince, je ne suis pas un législateur mais un membre actif de la société. Je considère qu'il est de mon devoir d'examiner la série de règles, d'obligations et de contraintes que cette société m'a imposées. Et si les règles, les contraintes et les obligations me garantissent une liberté que je ne trouverais pas dans la nature. Ou bien, si ce n'est pas le cas, de dire avec Rousseau que la société nous a bernées dans ces termes :

> Je fais avec toi une convention toute à ta charge et toute à mon profit, que j'observerai tant qu'il me plaira et que tu observeras tant qu'il me plaira.

Mais, qu'on le veuille ou non, on vit en société ici et maintenant. D'après Rousseau, le lien social est une somme de conventions fondamentales qui, même si elles n'ont jamais été énoncées, sont néanmoins impliquées par le fait de vivre en société. Et nous les connaissons tous ces règles, le mot hétérosexualité les résume. Chacun les connaît et les applique comme par magie. Tout le monde est d'accord pour dire qu'il y a un certain nombre de choses que l'on doit faire. Tout le monde, les scientifiques et le public en général. Être un homme, être une femme, se marier, dans ce cas-là faire des enfants, les élever – surtout pour les femmes. Ces règles et ces conventions rendent la vie possible comme on doit respirer pour vivre. En fait, les conventions sociales et le langage font apparaître avec une ligne en pointillé le corps du contrat social désignant ainsi l'hétérosexualité. Pour moi les deux termes de contrat social et d'hétérosexualité sont superposables, ce sont deux notions qui coïncident. Et vivre en société c'est vivre en hétérosexualité.

Quand je pose le terme hétérosexualité je me trouve en face d'un objet non existant, un fétiche, une forme idéologique massive qu'on ne peut pas saisir dans sa réalité, sauf dans ses effets, et dont l'existence réside dans l'esprit des gens d'une façon qui affecte leur vie toute entière, la façon dont ils agissent, leur manière de bouger, leur mode de penser. Donc j'ai affaire à un objet à la fois réel et imaginaire. Quand j'essaie d'observer la ligne pointillée qui dessine le corps du contrat social, cette ligne bouge, se déplace ; parfois elle montre quelque chose de visible et parfois elle disparaît entièrement. Elle ressemble au ruban de Möbius. À présent je vois ceci et à présent je vois quelque chose de totalement différent. Mais ce ruban de Möbius est truqué car un seul des effets d'optique apparaît de façon précise et régulièrement, c'est l'hétérosexualité, l'homosexualité n'apparaît que de façon fantomatique, sporadique, faiblement et parfois pas du tout.

À ce point de mon raisonnement, l'hétérosexualité recouvre complètement la notion de contrat social. Mais qu'est-ce que l'hétérosexualité ? En tant que mot, il n'a pas existé avant qu'on parle d'homosexualité au début du XXᵉ siècle et, en Allemagne, à la fin du XIXᵉ siècle. Il n'a existé qu'en contrepartie. L'hétérosexualité allait tellement de soi qu'elle n'avait pas de nom. C'était la norme sociale. C'est le contrat social. C'est un régime politique. Des juristes ne l'appelleraient pas une institution, ou pour le dire autrement, l'hétérosexualité en tant qu'institution n'a pas d'existence juridique. Les anthropologues, les ethnologues, les sociologues la perçoivent peut-être comme une institution, mais une institution dont on ne parle pas, sur laquelle on n'écrit pas. Car il y a un présupposé, un déjà-là, du social d'avant le social : l'existence de deux (pourquoi deux ?) groupes artificiellement distincts, les hommes et les femmes. Les « hommes » entrent dans l'ordre social comme des titres déjà socialisés, les « femmes » restent des titres naturels.

C'est ainsi que Lévi-Strauss agit avec ses fameuses théories, en particulier celle de l'échange des femmes. Il pense qu'il a affaire à des systèmes invariants. Lévi-Strauss et tous les scientistes qui ne voient pas le problème que je soulève, bien entendu n'utiliseraient pas le terme de contrat social. C'est en effet beaucoup plus simple de s'en tenir au *statu quo*. C'est-à-dire à un régime politique qui ne peut pas changer. C'est ainsi qu'on a affaire dans la littérature anthropologique à des foules de pères, mères, sœurs, frères, grands-mères, grands-pères, bellesmères, beaux-pères, beaux-frères, belles-sœurs, belles-filles, beaux-fils, fils, fille, tante, oncle, arrière-grand-mère, arrière-grand-père, neveu, nièce, grand-oncle, grand-tante, et cela ne représente pas tout, loin de là. Est-il pensable qu'on ne soit rien si on n'appartient pas à cette armée ? Et ces relations sont étudiées comme si elles étaient là pour durer. Aristote était beaucoup plus cynique quand il déclarait dans *La Politique* que les choses *doivent* être (ainsi) pour constituer un État : « Le premier principe est que ceux qui sont inefficaces l'un sans l'autre doivent être réunis dans une paire. Par exemple, l'union mâle femelle. » Il est à remarquer que le deuxième exemple de « ceux qui doivent être réunis dans une paire » se trouve correspondre à gouvernant/ gouverné. C'est peut-être depuis ce temps-là que mâle/femelle, soit la relation hétérosexuelle, a servi de paramètre à toutes les relations hiérarchiques. Ici il est clair qu'on a affaire à un régime politique pensé, prévu, calculé.

Je retourne à présent à Lévi-Strauss, parce que je ne vais pas laisser passer ainsi son idée de l'échange des femmes, qui lui a déjà valu l'attention d'éminentes théoriciennes féministes. Et ce n'est pas par hasard, puisque sa théorie révèle, avec beaucoup de clarté, toute l'intrigue, toute la conspiration des pères, frères, maris contre la moitié de l'humanité. Pour les maîtres modernes, les esclaves masculins, car il en reste, ne sont pas d'une utilité aussi permanente que les femmes.

Les femmes sont toujours à portée de main ; elles sont, si j'en crois Lévi-Strauss, ce qui rend la vie digne d'être vécue. Aristote a dit, d'une façon assez comparable, qu'elles sont là pour faire de la vie « une bonne vie ». Quand Lévi-Strauss a décrit le processus de l'échange des femmes et comment il fonctionne, il a dessiné pour nous le contrat social à grands traits, mais en vérité un contrat social dont les femmes sont exclues, un contrat social entre les hommes. Car chaque fois qu'il y a échange, il y a entre les hommes la confirmation d'un contrat d'appropriation de toutes les femmes. Lévi-Strauss répond aux accusations d'antiféminisme – comme Freud dans le passé – par sa propre théorie. Et bien qu'il concède que les femmes ne peuvent pas totalement se confondre avec les signes du langage (car « elles parlent ») auxquels il les compare en termes d'échange, avec la totale approbation de Jakobson, pourquoi s'inquiéterait-il de l'effet de choc que sa théorie peut avoir sur les femmes, pas plus qu'Aristote n'a dû se soucier de l'effet de sa théorie sur les esclaves quand il a défini la nécessité de l'esclavage dans l'État. Car après tout un esprit scientifique ne peut pas se sentir timide ou embarrassé quand il a affaire à la réalité crue. Et il s'agit bien ici d'une réalité crue.

Adrienne Rich a déclaré que « l'hétérosexualité est obligatoire pour les femmes », et elle a marqué un grand pas vers la compréhension de la sorte de contrat social auquel actuellement nous avons affaire. Nicole-Claude Mathieu, dans *Quand céder n'est pas consentir*[2], un essai remarquable sur la conscience dominée, a montré que même dans le silence on ne peut pas lire un consentement. Elle rejoint Rousseau pour de nombreuses remarques qu'il a faites sur l'idée que céder à la force, c'est le faire de force mais non de gré. Chez Rousseau, la compréhension que le contrat social est toujours présent, toujours à faire tant que les contractants ne sont pas satisfaits est stimulante. C'est alors qu'on a affaire à une notion instrumentale, et qu'on sait que le contrat social se pliera à notre action, à nos mots. Le refaire à la Rousseau, c'est rompre avec le contrat social hétérosexuel, former par exemple des « associations volontaires ». Historiquement nous le faisons déjà. Les lesbiennes sont des femmes marrons, des échappées – en partie – de leur classe.

---

2.   Nicole-Claude Matthieu, « Quand céder n'est pas consentir », repris dans *L'Anatomie politique*, Paris, Côté-femmes, 1991.

Les femmes mariées qui se sauvent sont dans le même cas et il y en a dans tous les pays car le régime politique de l'hétérosexualité représente toutes les cultures et toutes les politiques. De sorte que rompre le contrat social en tant qu'il est hétérosexuel, c'est une nécessité pour qui n'y consent pas.

5.
Homo sum

Rien de ce qui est humain ne m'est étranger.

Térence, *Le Bourreau de soi-même*
[*Heautontimoroumenos*], I, I, 25.

On se fait tous une idée abstraite de ce qu'être humain veut dire,
même si ce que nous voulons dire par « humain » est toujours de
l'ordre du potentiel, du possible et n'a pas encore été réalisé. En
effet, malgré toute sa prétention à l'universel, ce qui a été considéré
jusqu'à maintenant comme humain dans notre philosophie occiden-
tale ne concerne qu'une minorité de personnes : les hommes blancs,
les propriétaires des moyens de production ainsi que les philosophes qui depuis toujours théorisent leur point de vue comme
étant absolument le seul possible. C'est la raison pour laquelle
lorsque nous considérons le potentiel et le virtuel de l'humain,
abstraitement, d'un point de vue philosophique, nous avons besoin
pour y voir clair de le faire à partir d'un point de vue oblique. Ainsi
donc, être une lesbienne, se tenir aux avant-postes de l'humain ou
de l'humanité représente historiquement et paradoxalement le
point de vue le plus humain. L'idée selon laquelle on peut critiquer et modifier la pensée et les structures de la société en général

à partir d'un point de vue extrême n'est pas une idée nouvelle. Nous la devons à Robespierre et à Saint-Just. Dans *L'Idéologie allemande*, Marx et Engels ont prolongé cette idée en soutenant que les groupes les plus radicaux sont dans la nécessité d'affirmer leurs points de vue et leurs intérêts en les présentant comme étant généraux et universels, une position qui concerne à la fois les points de vue pratiques et philosophiques (politiques).

Que les lesbiennes le sachent ou non, leur situation, ici et maintenant, dans notre société, est philosophiquement (politiquement) au-delà des catégories de sexes. Pratiquement, elles sont des transfuges de leur propre classe (la classe des femmes), même si ce n'est que de façon partielle et précaire. C'est à partir de cette situation culturelle et pratique, qui est à la fois extrêmement vulnérable et cruciale, que je vais poser la question de la dialectique.

Il y a d'un côté le monde entier, avec son affirmation massive de l'hétérosexualité comme ce-qui-doit-être, et de l'autre côté, il n'y a que la faible, la fugitive, la quelquefois éclairante et saisissante vision de l'hétérosexualité comme piège, comme régime politique forcé. Il est possible d'y échapper. C'est un fait.

Pendant plus d'un siècle, notre pensée politique a été formée par la dialectique. Ceux d'entre nous qui ont découvert la pensée dialectique dans sa forme la plus moderne, celle de Marx et d'Engels, qui a produit la théorie de la lutte des classes, ont dû pour en comprendre les mécanismes se référer à Hegel, en particulier s'ils avaient besoin de comprendre le renversement qu'ont infligé Marx et Engels à la dialectique hégélienne. C'est-à-dire, en bref, une dynamisation des catégories essentialistes de Hegel, un déplacement de la métaphysique vers la politique (pour montrer que, dans le domaine politique et social, les notions métaphysiques devaient être interprétées en termes de conflit et non plus en termes d'oppositions essentielles, et pour montrer que les conflits pouvaient être surmontés et les catégories d'opposition réconciliées).

Une remarque ici : en résumant toutes les oppositions sociales en termes de lutte des classes et de lutte des classes seulement,

Marx et Engels ont réduit tous les conflits à deux termes. Il s'agit là d'une opération de réduction qui a fait l'économie de toute une série de conflits qui pouvaient être rangés sous l'appellation marxiste d'« anachronismes du capital ». Le racisme, l'antisémitisme et le sexisme ont été mis horschamp par la réduction marxiste. Et pourtant, la théorie du conflit à laquelle ces « anachronismes » ont donné naissance pourrait être décrite comme un paradigme d'oppression transversal à toutes les « classes » marxistes. Ces anachronismes ne pouvaient pas faire l'objet d'une interprétation exclusivement économique : c'est-à-dire en termes de stricte appropriation de la plus-value dans un contexte social où chacun est égal en droit, mais dans lequel les capitalistes, parce qu'ils possèdent les moyens de production, peuvent s'approprier la plus grande partie de la production et du travail des prolétaires, dès lors que ceux-ci produisent une valeur qui peut être échangée contre de l'argent et mise sur le marché. Tout conflit dont la forme ne pouvait pas être ramenée aux deux termes de la lutte des classes était supposé trouver résolution après la prise du pouvoir par le prolétariat.

Nous savons qu'historiquement, la théorie de la lutte des classes n'a pas encore prouvé son efficacité, et que le monde est toujours divisé entre capitalistes (les propriétaires des moyens de production) et prolétaires (ceux qui fournissent le travail et la force de travail et qui sont les producteurs de la plus-value). La conséquence de l'échec de la classe du prolétariat à changer les relations sociales où que ce soit nous a conduit à une impasse. Sur le plan dialectique, le résultat est un gel de la dynamique marxiste, le retour à une pensée métaphysique ainsi qu'une surimpression des termes essentialistes sur les termes qui devaient subir une transformation grâce à la dialectique marxiste. Autrement dit, nous avons toujours affaire à une classe capitaliste et à une classe prolétarienne qui s'opposent mais, cette fois, tout se passe comme s'ils avaient succombé au charme de la baguette magique de la fée de *La Belle au bois dormant* ; ils sont là pour rester, saisis par un coup du sort, immobilisés, changés en termes essentialistes, vidés de la relation dynamique qui aurait dû les transformer.

Compte tenu de ce qui m'intéresse ici, il n'est pas nécessaire de procéder à un réexamen en profondeur de l'approche marxiste, si ce n'est pour dire que, en ce qui concerne l'équilibre mondial, ce que Marx a appelé les « anachronismes du capital » du monde industriel recouvre une masse de personnes différentes, la moitié de l'humanité en ce qui concerne les femmes, les colonisés, le tiers-monde, le quart-monde et les paysans dans le monde industrialisé. Au début du XXe siècle, Lénine et Mao ont été confrontés à ce problème avec leurs masses respectives.

D'un point de vue lesbien, politique et philosophique, quand on réfléchit à la situation des femmes dans l'histoire, on doit s'interroger sur la dialectique en remontant plus loin que la dialectique hégélienne, en remontant jusqu'à son lieu d'origine ; c'est-à-dire que l'on doit revenir à Aristote et à Platon pour saisir comment les catégories d'opposition qui nous ont formés sont nées.

Parmi les premiers philosophes grecs, certains étaient matérialistes et tous étaient monistes, c'est-à-dire qu'ils ne percevaient aucune division dans l'Être. L'Être en tant qu'être était un. Selon Aristote, c'est à l'école pythagoricienne que nous devons l'apparition de la division dans le processus de la pensée et par là même dans la pensée de l'Être. Au lieu de penser en termes d'unité, les philosophes ont introduit la dualité dans la pensée et dans le processus du raisonnement.

Considérons la première table des contraires que l'histoire nous a fournie et telle qu'elle a été rapportée par Aristote (*La Métaphysique*, Livre I, 5,6) :

Limité	Illimité
Impair	Pair
Un	Plusieurs
Droite	Gauche
Mâle	Femelle
Immobilité	Mouvement

Droit	Courbe
Lumineux	Obscur
Bon	Mauvais
Carré	Rectangulaire

Nous pouvons observer que :

Droite	Gauche
Mâle	Femelle
Lumineux	Obscur
Bon	Mauvais

sont des expressions qui relèvent du jugement et de l'évaluation, des concepts éthiques qui sont étrangers à la série dont je les ai extraits. La première série est une suite de termes techniques, instrumentaux qui renvoient à la division requise par l'outil pour lequel elle a été créée (pour une sorte d'équerre carrée que l'on appelle un gnomon). Pythagore et les membres de son école étant des mathématiciens, leur série est compréhensible. La seconde série est hétérogène à la première. Ainsi, dès qu'ont été créés les précieux outils conceptuels fondés sur la division (les variations, les comparaisons, les différences), ils ont été immédiatement ou presque immédiatement transformés par les successeurs de l'école pythagoricienne en moyens de créer une différenciation métaphysique et morale dans l'Être.

Il se produit donc avec Aristote un déplacement, un saut dans la compréhension de ces concepts, qu'il a utilisés pour son approche historique de la philosophie et qu'il a appelée métaphysique. De concepts pratiques, ces concepts sont devenus des concepts abstraits. De termes dont la fonction avait été de séparer, de classifier, de rendre possible la mesure (un travail de génie en soi), ils ont été transférés dans une dimension métaphysique et, très vite, ils ont été complètement dissociés de leur contexte. Mieux encore, les termes évaluatifs et éthiques (droit, mâle, lumineux, bon) de la table des contraires, tels qu'ils ont été utilisés dans l'interprétation métaphysique qu'en font Aristote puis Platon, ont modifié la signification de termes techniques comme « Un » par exemple. Tout ce qui est « bon » appartient à la série de l'Un (en tant qu'Être). Tout ce qui est « plusieurs » (différent) appartient à la série du « mauvais », assimilé au non-être, au trouble, à tout ce qui remet en cause ce qui est bon. C'est ainsi que nous avons quitté le domaine de la déduction pour entrer dans le domaine de l'interprétation.

Dans le champ dialectique créé par Platon et Aristote, nous avons donc une série d'oppositions inspirées de la première table mathématique mais déformées. Ainsi dans la série de l'« Un » (rare absolu non divisé, la divinité en soi), nous avons « mâle » et « le lumineux » qui, depuis lors, n'ont plus jamais été délogés de leur position dominante. Dans les autres séries figurent les fauteurs de trouble : le peuple, les femmes – les « esclaves du pauvre », « l'obscur » (les barbares qui ne peuvent pas distinguer les esclaves des femmes), tous réduits au paramètre du non-Être. Car l'Être est le Bien, le masculin, le droit, en d'autres termes, ce qui est divin, alors que le non-Être est tout le reste (plusieurs), le féminin ; il est synonyme de discorde, d'agitation, il est obscur et mauvais (voir *La Politique* d'Aristote).

Platon a joué avec les notions de l'Un et du Même (comme étant Dieu et le Bien) et avec la notion de l'Autre (qui n'est pas le même que Dieu, qui est le non-Être, le Mal). C'est ainsi qu'opère la dialectique, sur une série d'oppositions qui ont essentiellement une connotation métaphysique : Être et Non-Être. De notre point de vue, Hegel, avec sa dialectique maître/esclave, ne procède pas très différemment. Marx lui-même, alors qu'il a tenté d'historiciser les oppositions sous forme de conflits (des conflits sociaux, pratiques) est resté prisonnier de la série métaphysique, de la série dialectique. La bourgeoisie est du côté de l'Un, de l'Être ; le prolétariat est du côté de l'Autre, du non-Être.

Ainsi donc, le besoin, la nécessité d'interroger la dialectique consistent pour nous à opérer une dialectisation de la dialectique, à la questionner par rapport à ses termes ou à ses oppositions comme principes ainsi que dans son fonctionnement. Car si dans l'histoire de la philosophie, il y a eu un saut de la déduction vers l'interprétation et la contradiction, ou autrement dit, si l'on est passé des catégories mathématiques et instrumentales à des catégories normatives et métaphysiques, ne devons-nous pas y prêter attention?

Ne devrions-nous pas dire que le paradigme auquel appartiennent le féminin, l'obscur, le mauvais et le trouble s'est également grossi de l'esclave, l'autre, le différent? Tous les philosophes de notre époque moderne, y compris les linguistes, les psychanalystes, les anthropologues nous disent que, précisément, sans ces catégories d'opposition (de différence), il est impossible de raisonner ou de penser, ou mieux encore, qu'en dehors d'elles, le sens ne peut prendre forme, que sans elles il y a une impossibilité de signifier en dehors de la société, dans l'a-social.

De toute évidence, Marx a eu l'intention d'opérer un renversement de la dialectique de Hegel. L'étape suivante est pour Marx de montrer que des catégories dialectiques telles que l'Un et l'Autre, le Maître et l'Esclave ne sont pas éternelles et qu'elles n'ont rien de métaphysique ou d'essentiel, mais qu'elles doivent être lues et comprises en termes historiques. Par là même, il rétablit d'un geste le lien entre philosophie et politique. Ainsi donc, les catégories que l'on appelle aujourd'hui, de manière pompeuse, les catégories de la Différence (et qui relèvent de ce que j'appelle la pensée de la Différence) sont pour Marx des catégories de conflit – des catégories de conflit social – supposées se détruire mutuellement au cours de la lutte des classes. Et comme cela doit arriver dans une lutte de ce type, en détruisant (abolissant) l'Un, l'Autre doit se détruire (s'abolir) lui-même. Car dès que le prolétariat se constitue en tant que classe économique, il doit se détruire en tant que prolétariat au même titre que la bourgeoisie. Le processus de destruction consiste en un double mouvement : se détruire soi-même en tant que classe (sinon la bourgeoisie conserve le pouvoir) et se détruire soi-même en tant que catégorie philosophique (la catégorie de l'Autre), car rester mentalement dans la catégorie de l'Autre (de l'esclave) signifierait une non-résolution dans les termes de la dialectique marxiste.

La résolution tend alors vers une réévaluation philosophique des deux termes du conflit : aussitôt qu'elle établit le fait qu'il y a une force économique là où il y avait une non-force (du rien), cette force doit se nier elle-même – du côté de l'Autre (esclave) – et doit passer du côté de l'Un (maître) mais seulement dans le but d'abolir les deux ordres et donc de les réconcilier.

Ce qui s'est produit dans l'histoire avec toutes les révolutions que nous avons connues est que l'Autre (une catégorie d'autres) a pris la place de l'Un et a ensuite, sous prétexte de révolution, dominé d'énormes groupes de personnes opprimées dont le sort est de devenir l'Autre des ex-autres. Cela s'est déjà produit (avant Marx), avec la Révolution française, qui n'a pas su très bien traiter de la question de l'esclavage et qui n'a pas traité du tout de la question des femmes (la-femme, l'éternel Autre). Dialectiser la dialectique revient pour moi à se demander ce qu'il arrivera vraiment à la question de l'humain une fois que toutes les catégories de l'Autre seront transférées du coté de l'Un, de l'Être, du Sujet. N'y aura-t-il pas de transformation ? Par exemple, sur le plan du langage, serons-nous capables de conserver des termes comme « humanité », « humain », « homme », « homo »), bien que tous ces termes dans leur sens abstrait veuillent d'abord dire l'être humain (sans distinction de sexe) ? Est-ce que nous allons garder tous ces termes après que le groupe dominant (les hommes dominant les femmes) se les est appropriés si longtemps et les a utilisés pour signifier abstraitement et concrètement l'humanité comme étant mâle ? Autrement dit un abus philosophique et politique.

Cette transformation nécessaire dont il est question ici, à savoir une opération dialectique, n'a pas été traitée par Marx et Engels. Ils en sont restés, comme toujours avec les révolutions connues, à une substitution. Pour une bonne raison : comme ils ont écrit sur la question avant l'événement de la révolution prolétarienne, ils ne pouvaient pas déterminer ce qui se produirait avant les faits. Pour une mauvaise raison : les porteurs de l'Universel, du Général, de l'Humain, de l'Un, sont la classe bourgeoise (voir *Le Manifeste du parti communiste*), le levain de l'histoire, la seule classe capable de dépasser les limites nationales. Pour eux, la classe prolétarienne, bien que classe montante, est restée dans les limbes, une masse fantôme qui a besoin des directives d'un parti, le parti communiste (dont les membres sont bourgeois pour la plupart) pour subsister et se battre.

C'est ainsi qu'a péri notre modèle le plus parfait de la dialectique, celui de la dialectique matérialiste, parce que les dés étaient pipés : depuis le début, l'Autre est condamné à rester à la place où il se trouve dès le départ dans la relation, c'est-à-dire comme occupant essentiellement la place de l'Autre, dès lors que l'agent qui doit accomplir la transformation de classe (c'est-à-dire détruire les catégories de l'Un et de l'Autre et les transformer en autre chose) correspond au paramètre de l'Un, c'est-à-dire à la bourgeoisie elle-même (par les cadres du parti).

D'après la dialectique marxiste, c'est le rôle de la bourgeoisie par le truchement de sa fraction révolutionnaire de s'abolir et de s'anéantir à travers la destruction des classes économiques, pour se confondre avec le prolétariat. Est-ce qu'on peut vraiment attendre une telle alternative de la classe bourgeoise au pouvoir, alors même et bien que les représentants du Parti communiste appartiennent à cette même classe bourgeoise, de même que ses intellectuels ?

Cette question dialectique est d'autant plus cruciale quand il s'agit des femmes et des hommes ; elle en est encore à ses premiers balbutiements, elle est à peine soulevée. Dans la foulée de l'analyse marxiste des classes économiques, et malgré les fulgurantes saisies de ce problème par Engels, malgré toutes les analyses des féministes modernes, il n'y a pas moyen, même par analogie, de décrire le conflit des femmes par rapport aux hommes. Qui est effectivement assez raisonnable pour concevoir qu'il est nécessaire ou qu'il sera nécessaire de détruire les catégories de sexe en tant que telles et d'en finir avec la domination de l'Un sur l'Autre ? Ce qui ne revient pas à dire substituer les femmes aux hommes (l'Autre pour l'Un) car il faut penser au-delà de ces catégories.

Aujourd'hui comme autrefois, les hommes sont d'un côté et les femmes de l'autre. Les « Uns » dominent et possèdent tout, y compris les femmes, les autres sont dominés et appropriés. Je crois que, dans une telle situation, au niveau philosophique et au niveau politique, les femmes ne devraient jamais formuler cette obligation à être différentes (reléguées à la catégorie de l'Autre) comme un « droit à la différence », ne devraient jamais s'abandonner à la « fierté d'être différentes ».

Dans l'abstrait, l'humanité, l'Homme renvoie à tout le monde, l'Autre, quel qu'il soit est inclus. À partir du moment où la possibilité de l'abstraction existe pour les êtres humains, il y a certains faits qui à ce niveau peuvent être clarifiés.

En ce qui concerne les paramètres de l'opprimé, il n'est pas nécessaire de suivre le schéma marxiste et d'attendre « la victoire finale » pour déclarer que les opprimés sont humains de même que les dominants, que les femmes sont des humains au même titre que les hommes. En quoi avons-nous l'obligation de continuer à accepter une série d'entourloupettes ontologiques, étymologiques et linguistiques sous prétexte que nous n'avons pas le pouvoir ? Les démasquer, dire qu'un homme sur deux est une femme, que l'universel nous appartient même si nous avons été dépossédées et spoliées à ce niveau, de même qu'aux niveaux politique et économique, fait partie de notre combat. Ici, il est possible que la méthode dialectique que j'ai tant admirée ne nous soit pas d'un grand secours. Car abstraitement, dans l'ordre du raisonnement, dans l'ordre du possible et du potentiel, en philosophie, l'Autre ne peut pas *être* essentiellement différent de l'Un, c'*est* le Même, pour reprendre ce que Voltaire a appelé la « Mêmeté » (un néologisme qu'il a forgé et qui n'est jamais utilisé en français). Ni la Pensée de l'Autre ni la Pensée de la Différence ne devraient être possibles pour nous, parce que « rien de ce qui est humain est étranger ».

Je pense que nous n'avons pas fini de voir ce que la Raison peut pour nous. Et je ne veux pas renier mon état d'esprit cartésien et je me tourne vers les Lumières, vers la première lueur d'entendement que l'histoire nous a donnée. Aujourd'hui, cependant, la Raison a été transformée en un représentant de l'Ordre, de la Domination, du Logocentrisme. Selon bon nombre de nos contemporains, le seul salut possible réside dans une exaltation formidable de ce qu'ils appellent l'altérité sous toutes ses formes. Très loin de la Raison (est-ce qu'ils veulent dire à l'intérieur de la Folie ?). « Différent » et fier de l'être.

Les figures de proue des dominants et des dominés ont adopté ce point de vue. Le Bien ne doit plus renvoyer au paramètre de l'Un, du Masculin, de la Lumière mais au paramètre de l'Autre, du Féminin, de l'Obscur. Vive la Déraison et qu'ils s'embarquent tous de nouveau sur la nef des fous, qu'ils aillent au carnaval, et ainsi de suite. Jamais l'Autre n'a été à ce point magnifié et autant célébré. Les autres cultures, l'esprit de l'Autre, le cerveau Féminin, l'écriture Féminine, nous savons tout de l'Autre durant ces dernières décennies.

Je ne sais pas qui va profiter de cet abandon des opprimés à un courant qui va les rendre de plus en plus impuissants, en ce qu'ils ont perdu la faculté d'être des sujets de leur discours avant même de l'avoir obtenue. Je dirais que nous ne pouvons renoncer qu'à ce que nous avons déjà. Et j'aimerais renvoyer les représentants des dominants dos à dos, d'où qu'ils viennent, du parti de l'Un ou du parti de l'Autre.

Naïveté, innocence, absence de doute, la certitude que tout est noir ou blanc, la certitude que lorsque la Raison n'est pas souveraine, alors la Déraison ou la Folie ont le dessus, la croyance selon laquelle là où il y a de l'Être, il y a aussi du non-Être, une sorte de déchet de l'Être, et le plus absurde de tout, le besoin et la nécessité, en réaction à cette évidence et à ces certitudes, de soutenir et de défendre par contraste un « droit à la Différence » qui, en inversant tout, équivaut aux Tweedledum et au Tweedledee de Lewis Carroll – autant de symptômes de ce que j'ai appelé ailleurs, par exaspération, la pensée straight. Les sexes (le genre), la différence entre les sexes, l'homme, la femme, la race, le noir, le blanc, la nature sont au cœur de cet ensemble de paramètres. Et ils ont formé nos concepts, nos lois, nos institutions, notre histoire, nos cultures.

Ils pensent avoir réponse à tout quand ils prennent ce double paramètre pour une métaphore et ils objectent à notre analyse qu'il existe un ordre symbolique, comme s'ils parlaient d'une autre dimension qui n'aurait rien à voir avec la domination. Hélas pour nous, l'ordre symbolique participe de la même réalité que l'ordre politique et économique. Il y a un continuum dans leur réalité, un continuum dans lequel l'abstraction agit par force sur le matériel et forme le corps comme l'esprit de ceux qu'elle opprime.

6.
Paradigmes

Désir

Dans le discours officiel sur la sexualité qu'est devenue la psychanalyse aujourd'hui, le désir est « l'instinct », qui fait que toute personne quelle qu'elle soit désire les rapports hétérosexuels comme seule satisfaction sexuelle et manifestation de la subjectivité possibles. L'imaginaire, les rêves, le désir, la volonté, tout concept lié à la subjectivité passe au travers de ce filtre et n'y survit pas. Hétérosexualisés, ces concepts deviennent des véhicules d'oppression.

En tant que lesbiennes, nous pouvons demander à la société hétérosexuelle : qu'avez-vous fait de notre désir ? Du désir en lui-même ? Un désir de pénis ? Un désir d'enfant ? Une caricature. Quelque chose qui est l'opposé du plaisir, l'ennui le plus complet. Que voulez-vous faire de notre désir ? Le faire rentrer dans le rang ? Avec des lobotomies, des thérapies forcées. Obliger à pratiquer l'hétérosexualité ? Avec des rapports sexuels obligatoires ? Avec une obligation à la reproduction ? Si le désir pouvait se libérer, il n'aurait rien à voir avec le marquage préliminaire par les sexes.

L'homosexualité est le désir pour une personne de son propre sexe. Mais c'est aussi le désir pour quelque chose d'autre qui n'est pas connoté. Le désir est résistance à la norme.

Différence

La différence fondamentale, toute différence fondamentale (y compris la différence sexuelle) entre des catégories d'individus, toute différence qui se constitue en concepts d'opposition est une différence d'ordre politique, économique et idéologique. Toutes les catégories qui dissimulent cet ordre politique, économique et idéologique viennent d'une pensée idéaliste qui présente comme naturelles ou résultant d'une volonté divine des différences qui seraient un donné *a priori*, qui seraient déjà là avant toute socialité. La différence entre les hommes et les femmes se base sur ce principe. La différence établie entre l'hétérosexualité et l'homosexualité en dépend également, même si cette différence ne se présente pas de la même manière. L'argumentation idéaliste consiste à faire de l'hétérosexualité une sexualité « naturelle » et de l'homosexualité une sexualité qui s'oppose à la « nature » (*cf.* les efforts peu judicieux de certains homosexuels qui cherchent dans la « nature » la justification de leur sexualité – Gide). Et dans cette perspective bien sûr, la différence est donnée comme un *a priori* et comme une différence ontologique constitutive. D'une part, cette différence dissimule des oppositions sociales : politiques, économiques, idéologiques. D'autre part, et du point de vue de l'homosexualité, on peut seulement noter que l'hétérosexualité n'est pas « naturelle », pas plus qu'elle n'est la seule sexualité, la sexualité universelle. L'hétérosexualité est une construction culturelle qui justifie le système entier de la domination sociale fondé sur la fonction de la reproduction obligatoire pour les femmes et sur l'appropriation de cette reproduction.

Femme

Femme, féminin sont des termes qui indiquent sémantiquement que la moitié de la population a été exclue de l'humanité. Femme/esclave, femme/créature dominée, femme vouée à la reproduction par obligation (femme/mère), « femme » comme « esclave » est un mot, un concept irrécupérable. La réalité « femme » doit disparaître, de même que la réalité « esclave » après l'abolition de l'esclavage, de même que la réalité « prolé- taire » après l'abolition des classes et du travail forcé. Dans la mesure où la femme devient réalité pour un individu uniquement en relation avec un individu de la classe opposée – les hommes – et en particulier dans le mariage, les lesbiennes, parce qu'elles n'entrent pas dans cette catégorie, ne sont pas des « femmes ». En outre, ce n'est pas en tant que « femmes » que les lesbiennes sont opprimées mais bien plutôt parce qu'elles ne sont pas des « femmes ». Et ce ne sont pas les « femmes » (victimes de l'hétérosexualité) qu'aiment et désirent les lesbiennes mais des lesbiennes (des individus qui ne sont pas les femelles des hommes). Et c'est un fantastique malentendu (qui relève de la malhonnêteté politique) que de leur reprocher de « refuser leur féminité » – de la même manière que l'on reproche aux féministes de ne penser, comme chacun sait, qu'à une chose : prendre la place des hommes.

La dénomination « femme » disparaîtra sans aucun doute de la même manière que disparaîtra la dénomination « homme » avec la fin de l'oppression/exploitation des femmes en tant que classe par les hommes en tant que classe. L'humanité doit se trouver un autre nom pour elle-même et une autre grammaire qui en finirait avec les genres, l'indice linguistique d'oppositions politiques.

Hétérosexualité

Le concept d'hétérosexualité a été créé dans la langue française en 1911. Il correspond à un effort de normalisation de la sexualité dominante entrepris plus particulièrement par la psychanalyse en dépit de ses prétentions à être une science révolutionnaire. Ce concept est une rationalisation qui consiste à présenter comme un fait biologique, physique, instinctuel, inhérent à la nature humaine, la confiscation de la reproduction des femmes et de leurs personnes physiques par les hommes (l'échange de biens et des femmes). L'hétérosexualité fait de la différence des sexes une différence naturelle et non une différence culturelle. L'hétérosexualité n'admet comme normale que la sexualité à finalité reproductive.

Tout le reste est perversion (voir dans les *Trois Essais sur la théorie de la sexualité* de Freud à quel moment un baiser devient une perversion – quand il s'écarte du droit chemin, quand il ne remplit plus sa fonction de préliminaire dans le rapport sexuel. Voir dans le même texte toute la thèse concernant les « stades » de la sexualité féminine que Freud veut imposer aux femmes de manière à ce qu'elles puissent remplir leur « destin » de reproductrices. Voir en particulier le mythe de l'orgasme vaginal dénoncé il y a quelques années par Ann Koedt).

Lesbianisme

La manifestation la plus formelle de la culture lesbienne s'est produite au VIe siècle avant notre ère, à Lesbos, d'où son nom. Il est difficile de savoir si cette société est une société de résistance ou si elle a toujours existé en tant que telle. Ce qui reste des textes de Sappho ainsi que les titres de textes perdus écrits par d'autres poètes de Lesbos ne permet pas de prouver que cette culture s'est développée *contre*. Elle se serait plutôt développée en dehors d'elle, coexistant avec elle. On pourrait la nommer culture a-hétérosexuelle. Je sais qu'il est extrêmement imprudent de jouer avec des hypothèses concernant une époque aussi éloignée. Néanmoins, si l'on analyse l'art crétois de la même époque, il y a toutes les raisons de croire qu'il se passait là, dans ces régions, quelque chose d'inconnu. Ce qui est certain, c'est que les Amazones ont combattu le système de domination naissant. Est-ce en leur hommage que Daemophyle, la poète de Lesbos a écrit son « Hymne à Artémis » ? Nous ne le saurons jamais puisque ce poème épique a brûlé à Alexandrie en même temps que les poèmes de Sappho. Mais il n'y a aucun doute, une guerre a été entreprise contre le lesbianisme. La destruction systématique des textes issus de cette culture, la clandestinité dans laquelle elle a été plongée en atteste. On doit bien reconnaître que le lesbianisme a dû représenter une menace très grave pour justifier d'une telle persécution, de fait, une oblitération totale, la plus spectaculaire qui ait été entreprise dans l'histoire

avec celle des Amazones. Dès la période de l'empire romain, Ovide
met Sappho au pas : il en fait l'héroïne d'une histoire d'amour hétérosexuelle. Il ne pouvait y avoir de pire trahison que d'assimiler le
saphisme à ce qui lui était totalement étranger. Quelle est donc
cette réelle menace que représentaient les lesbiennes ? Elles étaient
la preuve vivante que les femmes ne sont pas nées les domestiques
naturelles des hommes. Mieux encore, elles étaient la preuve que
les sociétés non hétérosexuelles sont concevables et qu'il n'existe
pas de norme pour la constitution d'une société. Il est tout simplement logique que les femmes homosexuelles voient en Lesbos le
modèle unique d'une culture de femmes non dominées, une culture
qui existe en dehors du champ social hétérosexuel, où les individus
pratiquaient une subjectivité qui n'était en aucune manière marquée
par une fonction reproductive supposée spécifiquement féminine. Le plaisir pour le plaisir comme l'a fait remarquer Baudelaire,
le poète lesbien, est ce qui caractérise cette subjectivité/sexualité.
Le lesbianisme est bien plus que l'homosexualité (le concept homo-
logue à celui d'hétérosexualité). Le lesbianisme est bien plus que la
sexualité. Le lesbianisme ouvre sur une autre dimension de l'humain
(dans la mesure où sa définition ne se fonde pas sur la « différence »
des sexes). Aujourd'hui, les lesbiennes découvrent cette dimension
en dehors de ce qui est masculin et féminin.

Lesbiennes

En tant que lesbiennes, nous sommes le produit d'une culture clandestine qui a toujours existé dans l'histoire. Jusqu'au XIXᵉ siècle,
Sappho était le seul écrivain de notre littérature qui ne soit pas
clandestine. Aujourd'hui, la culture lesbienne est encore en partie
clandestine, en partie ouverte, marginale en tout cas et complètement méconnue de *la* culture. Pourtant, c'est une culture interna-
tionale avec sa propre littérature, sa propre peinture, sa musique,
ses codes de langage, ses codes relationnels et sociaux, ses codes
vestimentaires, sa propre manière de fonctionner. De la même
manière que les lesbiennes ne sont pas limitées par les frontières

nationales, elles sont issues de toutes les catégories sociales. En dehors du contexte de la lutte féministe, elles constituent déjà un sous-groupe ou une classe « criminelle ». Ces individus revendiquent de vivre en dehors de la « loi » de leur système de classe comme l'a écrit Ti-Grace Atkinson dans *Odyssée d'une Amazone*. Dans le contexte du mouvement féministe, elles ont développé leurs réseaux internationaux. Elles sont là, présentes dans le champ social alors que le mouvement féministe est encore en friche, parce que le développement de leur culture et la réalité de leur existence physique sont irréversibles. Politiquement, le féminisme en tant que phénomène théorique et pratique inclut le lesbianisme tout en étant dépassé par lui. Sans le féminisme, le lesbianisme comme phénomène politique n'aurait pas existé. La culture lesbienne et la société lesbienne seraient restées aussi secrètes qu'elles l'ont toujours été. Sur le plan théorique, le lesbianisme et le féminisme articulent leurs positions de telle manière que l'un interroge toujours l'autre. Le féminisme rappelle au lesbianisme qu'il doit compter avec son inclusion dans la classe des femmes. Le lesbianisme alerte le féminisme sur sa tendance à traiter de simples catégories physiques comme des essences immuables et déterminantes. Arrêtons-nous ici pour éviter des généralisations abusives et contentons-nous du minimum de base : le lesbianisme est historiquement la culture grâce à laquelle nous pouvons questionner politiquement la société hétérosexuelle et ses catégories sexuelles, sur la signification de ses institutions de domination en général et en particulier sur la signification de cette institution de dépendance personnelle qu'est le mariage imposé aux femmes.

Sexualité

L'émergence des mouvements de femmes et du mouvement homosexuel ainsi que leurs luttes ont introduit la sexualité dans le champ politique. Comme les mouvements de femmes, les mouvements homosexuels demandent le droit à disposer librement de son corps (de la personne physique qui fait l'objet d'une appropriation par les institutions politiques des sociétés hétérosexuelles : tu seras une mère, tu seras un père). Ceci explique pourquoi les hommes du F. ront H. omosexuel d'A. ction R. évolutionnaire criaient dans les rues avec les femmes du Mouvement de libération des femmes : « nous sommes toutes des avortées ». Les homosexuels en lutte se conçoivent eux-mêmes comme résistants à la norme. Pour nous, la sexualité n'entretient qu'une lointaine relation avec l'hétérosexualité à partir du moment où cette dernière est dominée par sa finalité ultime, la reproduction, et à partir du moment où l'exercice obligatoire de l'hétérosexualité, loin d'avoir comme but l'épanouissement sexuel des individus, assure un contrôle absolu sur leurs personnes physiques. Les homosexuels ont en commun avec les femmes le fait de n'être que « sexe ». Les homosexuels et les femmes ont été exclus de l'humanité.

Néanmoins, si pour la société l'exercice de la sexualité veut dire rapports sexuels hétérosexuels, nous sommes loin de la sexualité. Nous sommes également loin de comprendre cette fameuse idée de la différence sexuelle sur laquelle se fonde notre oppression. Pour nous, il existe semble-t-il non pas un ou deux sexes mais autant de sexes (*cf.* Guattari/Deleuze) qu'il y a d'individus. Même s'ils nous ont enfermés dans un ghetto sexuel, nous n'accordons pas le même type d'importance à la sexualité que les hétérosexuels. Pour nous, la sexualité est un champ de bataille inévitable dans la mesure où nous voulons sortir de la génitalité et de l'économie sexuelle qui nous est imposée par l'hétérosexualité dominante. À partir du moment où, pour nous, la sexualité n'a pas d'autre finalité que son exercice, ce doit être par-dessus tout un exercice de subjectivité qui inclut la recherche du plaisir et qui ne saurait faire l'objet d'aucune réduction hétérosexuelle. La réflexion sur la sexualité est récente et elle est marquée de part en part, compte tenu de son inscription historique, par les oppositions de classes (hommes/femmes). Une telle réflexion développe ces oppositions dans l'unique but de les normaliser, de les transformer en universaux, produisant par là même une réduction du champ du savoir tout entier. Aujourd'hui, le discours officiel sur la sexualité est le discours de la psychanalyse qui se fonde sur le concept *a priori* et idéaliste de la différence sexuelle, un concept qui participe historiquement du discours général de la domination.

Snobisme

Il n'y a pas si longtemps de cela, toute forme de sexualité qui ne relevait pas de la norme s'appelait décadence et conséquemment toutes les forces de résistance à la société hétérosexuelle étaient supposées prouver la décadence du système (affaiblissement de la « virilité » c'est-à-dire de la domination des femmes par les hommes hétérosexuels). Par exemple, à la fin de l'empire romain, l'émergence de nouveaux droits pour les femmes et la baisse de la ferveur militaire auraient précipité la chute de l'empire et les invasions barbares. Il existe une autre forme bien plus perfide de réaction contre le lesbianisme, celle qui consiste à le dénigrer et à le traiter comme une forme de snobisme. C'est *in* d'être lesbienne, semble-t-il ; c'est mode, c'est snob. Colette l'a toujours dit. On retrouve cette même méthode de dénigrement de nos jours. C'est à la mode d'avoir au moins une expérience lesbienne pour être libérée. De toute évidence, personne ne penserait à dire qu'un homosexuel masculin est un homosexuel par pur snobisme. Au contraire, l'homosexualité masculine est souvent considérée avec le plus grand respect. Éternelle et puissante Sodome disait Colette. C'est que la fascination que les maîtres exercent sur les maîtres est justifiée et même logique, car la manière dont un maître peut être fasciné par et désirer un esclave n'est pas très claire. Et de fait, si l'on en juge par les expressions de « désir » dont les hommes usent avec les femmes (viol, pornographie, meurtre, violence et humiliation systématique), ce n'est pas de désir dont il s'agit ici, mais plutôt d'un exercice de domination. Donc, s'il n'y a rien de moins évident, en ce qui concerne le désir, que le désir d'un homme pour une femme, le désir d'un homme pour un autre homme ne nécessite pas de justification. Au contraire, d'un point de vue hétérosexuel, il est totalement incompréhensible qu'une femme (une créature dominée) doive désirer une autre femme (une créature dominée). Et puis, malgré l'intérêt minimal que procure à une femme, la camaraderie, le désir et l'attraction d'une autre femme (comment pourrait-elle faire sans les maîtres, seuls capables de lui donner son existence ?) et si en plus, cette femme est une lesbienne, on dira que c'est parce qu'elle essaye de se rendre intéressante, de choquer, voire de scandaliser. Mais certainement pas parce qu'elle veut se procurer du plaisir. Elle est snob, voilà tout. La meilleure arme de l'hétérosexualité : le déni, la récupération (c'est érotique pour les hommes de voir deux femmes ensemble – le harem lesbien), le ridicule.

7.

Le point de vue, universel ou particulier

Avant-note à *La Passion* de Djuna Barnes

I

Qu'il n'y a pas d'«écriture féminine» doit être dit avant de commencer et c'est commettre une erreur qu'utiliser et propager cette expression : qu'est ce «féminin» de «écriture féminine»? Il est là pour la-femme. C'est amalgamer donc une pratique avec un mythe, le mythe de la femme. La-femme ne peut pas être associée avec écriture parce que la-femme est une «formation imaginaire» et pas une réalité concrète, elle est cette vieille marque au fer rouge de l'ennemi maintenant brandie comme un oripeau retrouvé et conquis de haute lutte. «Écriture féminine» est la métaphore naturalisante du fait politique brutal de la domination des femmes et comme telle grossit l'appareil sous lequel s'avance la «féminité» : Différence, Spécificité, Corps/Femelle/Nature. Par contiguïté, «écriture» est gagné par la métaphore dans «écriture féminine» et de ce fait manque d'apparaître comme un travail et une production en cours car écriture et féminine s'associent pour désigner une espèce de production biologique particulière (à la-femme), une sécrétion naturelle (à la-femme).

Ainsi donc « écriture féminine » revient à dire que les femmes n'appartiennent pas à l'histoire et que l'écriture n'est pas une production matérielle. La (nouvelle) féminité, l'écriture féminine, la différence sont le retour de manivelle d'un courant politique engagé très avant dans la remise en question des catégories de sexe, ces deux grands axes de catégorisation pour les philosophies et les sciences humaines. Comme il arrive toujours dès que quelque chose de nouveau apparaît, il est immédiatement interprété et tourné en son contraire. L'écriture féminine, c'est comme les arts ménagers et la cuisine. Une telle spécification ne concerne pas Djuna Barnes.

II

Le genre : il est l'indice linguistique de l'opposition politique entre les sexes. Genre est ici employé au singulier car en effet il n'y a pas deux genres, il n'y en a qu'un : le féminin, le « masculin » n'étant pas un genre. Car le masculin n'est pas le masculin mais le général. Ce qui fait qu'il y a le général et le féminin, la marque du féminin. C'est ce qui fait dire à Nathalie Sarraute qu'elle ne peut pas utiliser le féminin dans les cas où elle veut généraliser (et non particulariser) ce dont elle écrit. Et puisque l'enjeu de son œuvre, c'est d'abstraire à partir d'une matière concrète (c'est-à-dire de la faire exister en mots, en concepts), l'emploi du féminin est souvent impossible car sa seule présence dénature le sens de son entreprise à cause de l'analogie *a priori* entre le (genre) féminin/ sexe/nature. Le général seul donc est l'abstrait, le féminin seul est le concret (le sexe dans la langue). Djuna Barnes tente l'expérience, et la réussit, d'universaliser le féminin (comme Proust, elle ne fait aucune différence de traitement entre les personnages masculins et féminins) et de retirer à ce genre son « odeur de couvée[1] ». C'est que ce faisant elle annule les genres en les rendant obsolètes. La prochaine étape consiste à les supprimer. C'est un point de vue de lesbienne.

---

1.   De Baudelaire, sur Marceline Desbordes-Valmore.

III

Les signifiés du discours du XIXe siècle ont saturé totalement jusqu'au relâchement la réalité textuelle de notre temps. Alors, « le génie du soupçon est venu au monde[2] ». Alors, « nous sommes entrés dans l'ère du soupçon ». L'« homme » a reculé à tel point qu'on le reconnaît à peine pour le sujet du discours. On se demande qu'est-ce que le sujet ? Dans la débâcle générale qui suit la remise en question du sens, il y a lieu pour un, une minoritaire de s'introduire dans le champ (de bataille) privilégié qu'est la littérature où s'affrontent les tentatives de constitution du sujet. Car nous le savons depuis Proust, la recherche littéraire constitue une expérience privilégiée pour faire advenir un sujet au jour. Cette recherche est la pratique subjective ultime, une pratique cognitive du sujet. Après Proust, le sujet n'a plus jamais été le même, car pour la durée de la *Recherche du temps perdu*, il a fait d'« homosexuel » l'axe de catégorisation à partir duquel universaliser. Historiquement, le sujet minoritaire n'est pas autocentré comme l'est le sujet logocentrique. Son extension dans l'espace pourrait se décrire comme le cercle de Pascal dont le centre est partout et la circonférence nulle part. Le sujet minoritaire peut se disperser en bien des centres, il est par force dé-centré, a-centré. C'est ce qui explique l'angle d'approche de Djuna Barnes à son texte, un constant décalage qui fait que quand on la lit l'effet produit est comparable à ce que j'appelle une perception du coin de l'œil, le texte agit par effraction. Mot à mot le texte porte la marque de cet « estrangement » que Barnes décrit pour chacun de ses personnages.

IV

Tout écrivain minoritaire (qui a conscience de l'être) entre dans la littérature à l'oblique si je puis dire. Les grands problèmes qui

---

2.   Nathalie Sarraute, *L'Ère du soupçon*, Paris, Gallimard, 1956.

préoccupent les littérateurs, ses contemporains, lui apparaissent de biais et déformés par sa perspective. Les problèmes formels le passionnent mais il est travaillé à cœur et à corps par sa matière, « ce qui appelle le nom caché », « ce qui n'ose pas dire son nom », ce qu'il retrouve partout bien que ce ne soit jamais écrit. Écrire un texte qui a parmi ses thèmes l'homosexualité, c'est un pari, c'est prendre le risque qu'à tout moment l'élément formel qu'est le thème surdétermine le sens, accapare tout le sens, contre l'intention de l'auteur qui veut avant tout créer une œuvre littéraire. Le texte donc qui accueille un tel thème voit une de ses parties prise pour le tout, un des éléments constituants du texte pris pour tout le texte et le livre devenir un symbole, un manifeste. Quand cela arrive, le texte cesse d'opérer au niveau littéraire, il est l'objet de déconsidération en ce sens qu'on cesse de le considérer en relation avec les textes équivalents. Cela devient un texte à thème social et il attire l'attention sur un problème social. Quand cela arrive à un texte il est détourné de son but premier qui est de changer la réalité textuelle dans laquelle il s'inscrit. En effet du fait de son thème il en est destitué, il n'y a plus accès, il en est banni (souvent simplement par la mise au silence, l'épuisement de l'édition), il ne peut plus opérer comme texte par rapport à d'autres textes passés ou contemporains. Il n'intéresse plus que les homosexuels. Pris comme symbole ou adopté par un groupe politique, le texte perd sa polysémie, il devient univoque. Cette perte de sens et le manque de prise sur la réalité textuelle empêchent le texte d'accomplir la seule opération politique qu'il puisse accomplir : introduire dans le tissu textuel du temps par la voie de la littérature ce qui lui tient à corps. C'est pourquoi sans doute Djuna Barnes redoute que les lesbiennes fassent d'elle leur écrivain et ce faisant réduisent son œuvre à une dimension. En tout état de cause et même si Djuna Barnes est lue d'abord et massivement par les lesbiennes, il ne faut pas la destituer et l'attirer dans notre minorité. Non seulement ce n'est pas lui rendre service mais ce n'est pas nous rendre service, car là où l'œuvre de Barnes peut le mieux opérer, et pour elle et pour nous, c'est dans la littérature.

V

Il est des textes qui à la fois par leur mode d'apparition et la façon dont ils s'inscrivent dans la réalité littéraire ont la plus grande importance stratégique. Il en va ainsi de toute l'œuvre de Barnes qui de ce point de vue fonctionne comme un texte unique car entre *Ryder*, *Ladies Almanack*, *Spillway*, *Nightwood*, il y a des correspondances et des permutations. Unique, le texte de Barnes l'est aussi en ce sens qu'il est le premier de sa sorte et qu'il détonne comme une bombe là où il n'y a rien avant lui. C'est ainsi qu'il lui faut mot à mot se créer son propre contexte, travaillant, œuvrant avec rien contre tout. Un texte écrit par un écrivain minoritaire n'est efficace que s'il réussit à rendre universel le point de vue minoritaire, que s'il est un texte littéraire important. *À la recherche du temps perdu* est un monument de la littérature française *bien que* l'homosexualité soit le thème du livre. L'œuvre de Barnes est une œuvre littéraire importante bien que son thème majeur soit le lesbianisme. D'une part le travail de ces deux écrivains a transformé comme il se doit pour tout travail important la réalité textuelle de leur temps. Mais en tant que minoritaires leurs textes ont aussi à charge (et le font) de changer l'angle de catégorisation touchant à la réalité sociologique de leur groupe. Ne serait-ce simplement que l'affirmation à l'existence : combien d'homosexuels ou de lesbiennes ont été avant eux pris pour thème de la littérature en général ? Qu'y a-t-il en littérature entre Sappho et *Ladies Almanack* de Barnes ? Rien.

VI

Le contexte unique de Djuna Barnes suivant l'angle minoritaire est Proust à qui elle se réfère dans *Ladies Almanack*. Djuna Barnes ellemême est notre Proust (et non pas Gertrude Stein). Une différente sorte de traitement a été départie cependant à l'œuvre de Proust et à l'œuvre de Barnes : celle de Proust, triomphant de plus en plus jusqu'à être maintenant classique, l'autre, celle de Barnes, apparaissant par éclairs puis disparaissant. L'œuvre de Barnes est mal connue, méconnue en France, mais aussi aux États-Unis. On peut dire que stratégiquement Barnes est néanmoins plus importante que Proust. Et comme telle sans cesse menacée de disparition. Sappho de même a disparu. Platon, non. On voit bien quel est l'enjeu et quel est « le nom caché », le nom que Djuna Barnes elle-même abhorre. Sodome est puissante et éternelle disait Colette, Gomorrhe n'existe pas. Le Gomorrhe de *Ladies Almanack*, de *Nightwood*, de *Cassation* et de *La Grande Malade* est un démenti éclatant aux dénégations de Colette, car ce qui est écrit est « Lève haut la poutre du toit, charpentier/car voici qu'entre dans la maison/l'aède lesbien, s'élevant au-dessus des autres parmi les concurrents étrangers[3]. » Cet aède-là a généralement une rude bataille à mener car elle doit pied à pied et mot à mot se créer son contexte dans un monde qui, aussitôt qu'elle apparaît, met tous ses efforts à la faire disparaître. La bataille est rude car elle doit se mener sur deux fronts : au niveau formel avec les éléments en cause à ce moment de l'histoire littéraire, au niveau conceptuel contre le cela va de soi de la pensée straight.

VII

Il nous faut dans un monde où nous n'existons que passées sous silence, au propre dans la réalité sociale au figuré dans les livres, nous faut donc, que cela nous plaise ou non, nous constituer nous-mêmes, sortir comme de nulle part, être nos propres légendes dans notre vie même, nous faire nous-mêmes êtres de chair aussi abstraites que des caractères de livre ou des images peintes. C'est pourquoi il nous faut, à l'époque où les héros sont passés de mode, devenir héroïques dans la réalité, épiques dans les livres. C'est pourquoi à l'époque où il s'opère une énorme poussée pour évacuer le

---

3.   Sappho, *Fragments*, trad. fr. T. Reinach, Paris, Les Belles Lettres, 1960, livre IX, p. 110-111.

sens des pratiques de langage il nous faut insister du côté du sens et par le sarcasme et l'ironie rendre manifeste ce qui tire à hue et à dia. Djuna Barnes est dans *Spillway* un maître du sarcasme et de l'ironie accessibles pour le lecteur à travers l'angle de vision, le point de vue donné d'entrée de jeu dans la scène de séduction de la Dame par Katya, une très jeune fille. Elle, « les femmes l'écoutent ». Mais sa sœur, « les hommes la regardent » (bouger).

Et donc elle s'est mise à bouger « tout autrement ». « Elle passait son temps à gigoter, les jambes en l'air, à déchirer des mouchoirs. » Et Katya lui demandait « pourquoi elle faisait tout ça ». Ah quelle excellente question : car oui, pourquoi font-ils tout ça les héros dans les livres et les héros dans la réalité ? Pourquoi font-ils l'homme mais surtout pourquoi font-ils la-femme ? Et pourquoi d'une façon générale personne ne remarque que faire la-femme c'est, comme un animal bien dressé, se livrer à une gesticulation réglée d'avance (différente suivant les époques, voir à ce propos la gesticulation de Moydia), un code, un langage de gestes qui ne répète qu'une seule chose. Oui pourquoi ?

VIII

Le langage pour un écrivain est un matériau spécial (comparé à celui des peintres ou des musiciens) puisqu'il sert d'abord à tout autre chose qu'à faire de l'art et trouver des formes, il sert à tout le monde tout le temps, il sert à parler et à communiquer. C'est un matériau spécial parce qu'il est le lieu, le moyen, le médium où s'opère et se fait jour le sens. Mais le sens dérobe le langage à la vue. Et en effet le langage est constamment comme la lettre volée du conte de Poe, là à l'évidence mais totalement invisible. Car on ne voit, on n'entend que le sens. Le sens n'est donc pas du langage ? Oui il est du langage, mais sous sa forme visible et matérielle le langage est forme, le langage est lettre. Le sens lui n'est pas visible et comme tel paraît comme hors du langage (il est quelquefois confondu avec le référent quand on parle de « contenu »). En fait le sens est bien dans le langage mais il ne s'y voit pas car il est son abstraction. Et c'est donc un comble que pourtant dans la pratique courante du langage on ne voie et n'entende que lui. C'est que l'utilisation du langage est une opération très abstraite où à tout moment dans la production du sens sa forme disparaît. En effet le langage en se formant se perd dans le sens propre. Il ne peut réapparaître abstraitement qu'en se redoublant, en formant un sens figuré. C'est le travail des écrivains donc de s'intéresser à la lettre, au concret, au visible du langage, à sa forme matérielle. Dès que le langage a été perçu comme matériau, il a été travaillé mot à mot par les écrivains. Ce travail à ras des mots de la lettre réactive les mots dans leur disposition et à son tour confère au sens son plein sens : dans la pratique et dans le meilleur des cas ce travail fait apparaître plutôt qu'un sens une polysémie. Djuna Barnes dans *La Passion* a travaillé mot à mot et créé un corps dur et pourtant fuyant, cru et sophistiqué, prolixe en sens multiples mais qui se dérobent.

8.
Le cheval de Troie

Tout d'abord il semble étrange aux Troyens, le cheval de bois, sans couleur précise, énorme, barbare. Tel une montagne il s'élève jusqu'au ciel. Puis petit à petit, ils découvrent des formes familières qui coïncident avec celles d'un cheval. Déjà pour eux, Troyens, il y a eu de nombreuses formes différentes, parfois contradictoires, mises ensemble pour façonner un cheval, car ils ont une ancienne culture. Le cheval construit par les Grecs est sans doute aussi un cheval pour les Troyens, même s'ils le considèrent encore avec inquiétude. Il est barbare par sa dimension mais aussi par sa forme, trop brute pour eux, les efféminés, comme Virgile les appelle. Mais plus tard ils s'attachent à l'apparente simplicité, dans laquelle ils voient de la recherche. Ils voient, maintenant, toute l'élaboration que sa façon brute et rudimentaire a d'abord cachée. Ils en arrivent à voir comme étant forte, puissante, l'œuvre qu'ils avaient considérée sans forme. Ils veulent se l'approprier, l'adopter comme un monument et la protéger à l'intérieur de leurs murs.

Mais si c'était une machine de guerre ?

Toute œuvre littéraire importante est, au moment de sa production, comme le cheval de Troie. Toute œuvre ayant une nouvelle forme fonctionne comme une machine de guerre, car son intention et son but sont de démolir les vieilles formes et les règles conventionnelles. Une telle œuvre se produit toujours en territoire hostile. Et plus ce cheval de Troie apparaît étrange, non-conformiste, inassimilable, plus il lui faut de temps pour être accepté. En fin de compte il est adopté, et par la suite il fonctionne comme une mine, quelle que soit sa lenteur initiale. Il sape et fait sauter la terre où il a été planté. Les vieilles formes littéraires auxquelles on a été habitué apparaissent à la longue démodées, inefficaces, incapables d'opérer des transformations.

Lorsque je dis qu'une œuvre littéraire peut fonctionner comme une machine de guerre sur le contexte de son époque, ce n'est pas de littérature engagée que je parle. La littérature engagée (tout comme l'écriture féminine) sont des formations mythiques et, comme telles, fonctionnent comme des mythes dans le sens que Barthes a donné à ce mot. Comme telles, elles jettent de la poudre aux yeux des gens en faisant un amalgame, en jetant pêle-mêle dans le même processus deux phénomènes qui n'ont pas le même genre de rapport au réel et au langage. Les arguments éthiques qu'on connaît bien, tels qu'il ne convient pas de subordonner la littérature à l'engagement, ou encore un écrivain n'a-t-il plus rien à dire lorsque le groupe pour lequel il parle cesse d'être opprimé, ou encore qu'en est-il d'un écrivain banni par son groupe, ne sont pas de mise ici, car il ne s'agit pas d'un problème éthique mais d'un problème pratique. Lorsqu'on parle de littérature, il faut tenir compte de tous les éléments qui entrent en jeu. Le travail littéraire ne peut pas être influencé directement par l'histoire, la politique et l'idéologie, car ces deux champs appartiennent à des systèmes de signes parallèles, des systèmes de signes qui fonctionnent différemment dans le corps social et qui utilisent la langue d'une façon différente. Dès qu'il s'agit de langage on a affaire à une série de phénomènes dont la caractéristique principale est d'être complètement hétérogène. La première hétérogénéité qu'on rencontre, irréductible, touche au langage et à sa relation à la réalité. Mon sujet ici, c'est l'hétérogénéité des phénomènes sociaux qui impliquent le langage tels que l'histoire, l'art, l'idéologie, la politique. Souvent on les fait tenir ensemble de force jusqu'à ce qu'ils s'ajustent plus ou moins à une conception préalable de ce qu'ils devraient être. Si on les considère séparément, on voit bien que dans l'expression littérature engagée sont jetés pêle-mêle des phénomènes dont la nature même est différente. Ainsi assemblés, ils tendent à s'annuler les uns les autres. En histoire, en politique, on dépend de l'histoire sociale, tandis que dans son travail tout écrivain dépend de l'histoire littéraire, c'est-à-dire de l'histoire des formes. Ce qui est au centre de l'histoire et de la politique c'est le corps social, constitué par des individus. Ce qui est au centre de la littérature ce sont des formes constituées par des œuvres. Naturellement les individus et les formes ne sont pas du tout interchangeables. L'histoire met en relation des individus, la littérature met en relation des formes.

Le premier élément auquel un écrivain a affaire c'est donc le vaste corpus d'œuvres – passées et présentes – et il y en a beaucoup, il y en a énormément, on n'arrête pas de l'oublier. Les critiques modernes et les linguistes ont déjà couvert un champ très vaste et clarifié le sujet des formes littéraires. Je pense à des gens tels que les formalistes russes, les écrivains du Nouveau Roman, Barthes, Genette, aux textes du groupe *Tel Quel*. Je ne connais pas bien la critique américaine actuelle, mais Edgar Allan Poe, Henry James, et Gertrude Stein ont écrit sur le sujet. Mais le fait est que l'on n'a que deux choix dans son travail. Soit on reproduit des formes existantes, soit on en crée de nouvelles. Il n'y en a pas d'autre. Peu d'écrivains ont été plus explicites à ce sujet que Sarraute en ce qui concerne la France et Stein les États-Unis.

Le deuxième élément auquel un écrivain a affaire, c'est le matériau brut, c'est-à-dire, le langage, en soi un phénomène hétérogène à la fois à la réalité et à ses propres productions. Si on imagine le cheval de Troie comme une statue, c'est-à-dire une forme avec des dimensions, il est à la fois un objet matériel et une forme. C'est exactement ce que le cheval de Troie est en écriture, mais dans un sens un peu plus compliqué, parce que le matériau utilisé, c'est le langage, qui est déjà une forme, mais aussi de la matière. Pour l'écriture, les mots sont tout. Beaucoup d'écrivains l'ont dit et répété, beaucoup le disent en ce moment même, et je le dis aussi : les mots sont tout dans l'écriture. Lorsqu'on ne peut pas écrire, ce n'est pas, comme on le dit souvent, qu'on ne peut pas exprimer ses idées. C'est qu'on ne peut pas trouver ses mots, il s'agit là d'une situation banale pour un écrivain. Les mots gisent là comme un matériau brut à la disposition de l'écrivain tout comme l'argile est à la disposition du sculpteur. Les mots sont, chacun d'entre eux, comme le cheval de Troie. Ce sont des choses, des choses matérielles, et en même temps ils ont un sens. Et c'est parce qu'ils ont un sens qu'ils sont abstraits. Ils sont un condensé d'abstraction et de concrétude et en ceci ils sont complètement différents de tous les autres médiums dont on se sert pour créer de l'art. Les couleurs, la pierre, l'argile, n'ont pas de signification, le son n'a pas de signification en musique, et le sens qu'ils prennent une fois devenus formes n'est bien souvent, ou même la plupart du temps, un sujet de préoccupation pour personne. On ne s'attend pas à ce que leur sens ait un intérêt quelconque. On ne s'attend pas à ce qu'ils aient un sens du tout une fois mis en forme. Tandis que dès que quelque chose est écrit, cela doit avoir un sens. Même pour l'écriture poétique on s'attend à un sens. Quoi qu'il en soit, pour commencer son travail, tout écrivain a besoin d'un matériau brut de même que tout peintre, sculpteur ou musicien.

Cette question du langage comme matériau brut n'est pas une question futile puisqu'elle peut permettre d'expliquer comment le maniement du langage est différent en histoire et en politique. En histoire et en politique les mots sont pris dans leur sens conventionnel. Et c'est uniquement pour leur sens qu'ils sont pris, c'est-à-dire dans leur forme la plus abstraite. En littérature les mots sont donnés à lire dans leur matérialité. Mais pour atteindre ce résultat tout écrivain doit d'abord faire une opération de réduction sur le langage qui le dépouille de son sens afin de le transformer en un matériau neutre – c'est-à-dire en un matériau brut. Ce n'est qu'alors qu'on peut travailler les mots et leur donner une forme. Cela ne veut pas dire que l'œuvre achevée n'a pas de sens, mais que son sens lui vient de sa forme, des mots travaillés. Tout écrivain doit prendre les mots un par un et les dépouiller de leur sens quotidien pour être à même de travailler avec les mots sur les mots. Pour Chklovski, un formaliste russe, les gens cessent de voir les différents objets qui les entourent, les arbres, les nuages, les maisons. Ils les reconnaissent sans vraiment les regarder. Et d'après Chklovski la tâche de l'écrivain c'est de recréer la première vision des choses dans sa puissance – par contraste à la banale reconnaissance qu'on en fait tous les jours. Ce que l'écrivain recrée c'est bien en effet une vision, mais il ne s'agit pas de celle des choses mais plutôt de la première vision des *mots*, dans sa puissance. En tant qu'écrivain, j'aurai atteint mon but quand chacun de mes mots aura le même effet sur le lecteur, le même choc que s'il les lisait pour la première fois. C'est ce que j'appelle porter un coup avec les mots. Il se trouve que certains écrivains me donnent ce choc quand je les lis, c'est d'ailleurs ainsi que je continue à comprendre ce qui se passe avec les mots.

Ce que je dis c'est que le choc des mots en littérature ne provient pas des idées qu'ils sont censés exprimer, puisqu'un écrivain a d'abord affaire à un corps solide qui doit être manipulé d'une manière ou d'une autre. Et pour en revenir à notre cheval, si on veut bâtir une parfaite machine de guerre, on doit se garder de l'illusion que les faits, les actions, les idées peuvent dicter leur forme directement aux mots. Il faut en passer par un détour, et le choc des mots est produit par leur association, leur disposition, leur arrangement, aussi bien que par chacun d'eux dans son utilisation isolée. Le détour est le travail, il consiste à travailler les mots comme dans n'importe quel travail où on transforme un matériau en autre chose, en un produit. Il n'y a pas moyen de se passer de ce détour car c'est dans ce détour que tient toute la littérature.

J'ai dit que l'histoire a trait aux gens tandis que la littérature a trait aux formes. Toutefois en tant que discipline, l'histoire, comme toutes les disciplines, utilise le langage pour communiquer, écrire, lire, comprendre et apprendre. L'histoire, l'idéologie, et la politique ne remettent pas en cause le médium qu'elles utilisent. Elles appartiennent au domaine des idées, qu'on continue à considérer comme à part du langage, issues directement de l'esprit. Ces disciplines reposent encore sur la division classique du corps et de l'âme. Même dans la tradition marxiste et postmarxiste, il y a, d'une part, l'ordre économique, l'ordre matériel, et d'autre part, l'idéologie et la politique qui constituent « la superstructure ». Le langage n'est pas pris en compte en tant qu'exercice direct du pouvoir. Dans cette conception, le langage, tout comme l'art, fait partie de ce qu'on appelle la superstructure. Tous deux sont inclus dans l'idéologie, et comme tels ils n'expriment rien d'autre que « les idées » de la classe dominante. Ce n'est qu'en réexaminant constamment comment le langage fonctionne à la fois dans le domaine de l'idéologie et dans le domaine de l'art qu'on peut échapper à ce que les marxistes appellent précisément « l'idéalisme ». La forme et le contenu correspondent à la division corps/âme, et on s'en sert pour décrire les mots du langage pris un par un ainsi que des ensembles, c'est-à-dire des œuvres littéraires. Les linguistes parlent de signifiant et de signifié, ce qui revient à la même distinction. Cependant, à travers la littérature, les mots nous sont rendus entiers. La littérature peut donc nous apprendre quelque chose qui peut servir dans n'importe quel autre champ : quand les mots travaillent, la forme et le contenu ne peuvent pas être dissociés parce qu'ils relèvent de la même forme, la forme du mot, une forme matérielle.

L'œuvre de Proust est un des meilleurs exemples que je connaisse de machine de guerre avec un effet à retardement. Pour commencer tout le monde a cru avoir affaire à un simple *roman à clefs*, une description minutieuse de la haute société parisienne. Et les mondains de chercher avec fièvre à mettre un nom sur les personnages. Par la suite, il leur a fallu bousculer les noms puisque la plupart des femmes dans le livre correspondaient à des hommes dans la réalité. Ce qui revient à dire que bon nombre de personnages sont des homosexuels. Puisque pour les mondains les noms des personnages n'étaient que des codes désignant de vraies personnes, en considérant rétrospectivement leur monde apparemment normal, ils ont dû se demander qui parmi eux en était, combien ou s'ils l'étaient tous. À la fin de *La Recherche du temps perdu*, c'est fait. Proust a réussi à transformer le monde « réel » en un monde uniquement homosexuel. Cela commence avec la cohorte des jeunes gens qui peuplent les ambassades, se pressant autour de leur chef de file comme les filles d'honneur autour de la reine Esther dans Racine ; puis viennent les ducs, les princes, les hommes mariés, les domestiques, les chauffeurs et tous les corps de métier. Tout le monde finit par en être. Il y a même quelques lesbiennes çà et là, et Colette a reproché à Proust d'avoir magnifié Gomorrhe. Saint-Loup, l'archétype de l'homme à femmes élégant, par un coup de théâtre s'avère être lui aussi homosexuel. Dans le dernier tome, Proust en décrivant le dessein de toute l'œuvre démontre que c'est par le travail que peut advenir l'émergence d'un sujet particulier, que le sujet peut se constituer. De telle sorte que les personnages et les descriptions de moments donnés servent, comme autant de couches, à construire, petit à petit, le sujet comme étant homosexuel pour la première fois dans l'histoire littéraire. Le chant de triomphe de *La Recherche* rachète même Charlus. C'est qu'en littérature, l'histoire, il me semble, intervient paradoxalement au niveau individuel et au niveau subjectif et elle se manifeste dans le point de vue particulier de l'écrivain. L'entreprise la plus essentielle et la plus stratégique du travail de tout écrivain consiste à universaliser ce point de vue. En tout cas pour mener à bien une œuvre littéraire, il faut avant tout être modeste et ne pas ignorer que tout ne se joue pas dans le fait d'être *gai* ou quoi que ce soit de comparable sociologiquement. En effet la réalité ne peut pas faire l'objet d'un transfert direct dans un livre à partir de la conscience. Plus le point de vue est particulier, plus l'entreprise d'universalisation exige une attention soutenue aux éléments formels qui sont susceptibles d'être ouverts à l'histoire tels que les thèmes, les sujets du récit en même temps que la forme globale du travail. C'est finalement par l'entreprise d'universalisation qu'une œuvre littéraire peut se transformer en une machine de guerre.

9.
La marque du genre

Ici il est question de ce que les grammairiens appellent « la marque du genre », une opération globale qui met en cause non pas seulement une mais un ensemble de catégories philosophiques et dont l'influence se fait fortement sentir à la fois sur le corps social et sur le corps du langage (tel qu'il se présente sous sa forme la plus brute, abécédaire, dictionnaire, etc.).

Pour les grammairiens, la marque du genre a trait aux substantifs. Ils n'en parlent qu'en termes de fonction. Ce n'est que par manière de plaisanterie qu'ils la remettent en question par exemple quand ils parlent du genre comme d'un « sexe fictif ». C'est ainsi que l'anglais quand on le compare au français passe pour être dépourvu de genre, alors que le français a la réputation d'être un langage fortement marqué par le genre. Il est vrai que l'anglais ne donne pas la marque du genre aux objets inanimés, aux choses ou aux êtres non humains. Mais dans la mesure où les catégories de la personne sont touchées, on peut dire que, à la fois l'anglais et le français, pratiquent le genre autant l'un que l'autre. Tous deux portent l'inscription d'un concept ontologique primitif qui renforce dans le langage une division des êtres en sexes. Le « sexe fictif » des noms ou leur genre neutre ne sont que des développements accidentels de ce principe premier et en tant que tels, ils sont, pour moi, inoffensifs.

En anglais comme en français, la marque du genre s'inscrit dans la dimension de la personne. Ce n'est pas seulement un problème de grammaire quoique ce soit une manifestation lexicale. En tant que concept ontologique qui touche à la nature de l'être tout comme tout un ensemble de concepts primitifs qu'on a reçu de la philosophie grecque, le genre semble relever en premier lieu de la philosophie. Sa raison d'être n'est jamais remise en question en grammaire dont le rôle est de décrire des formes et des fonctions et non pas de les interpréter.

Elle n'est pas non plus remise en question en philosophie d'ailleurs, parce qu'elle appartient à ce corps de concepts qui vont de soi sans lesquels les philosophes croient qu'ils ne peuvent raisonner et qui pour eux sont des *a priori*, car ils existent avant toute pensée, tout ordre social, dans la nature. C'est ainsi qu'on appelle genre la délégation lexicale « d'être naturels », leur symbole.

Les sociologues anglais et américains (plus particulièrement les penseurs féministes) semblent conscients que le « genre » décrit par la grammaire n'est pas avant tout une catégorie grammaticale et donc l'utilisent en tant que catégorie sociologique. Il s'agit en effet de dévoiler que c'est une notion qui ne relève pas de la nature, que le sexe a été artificiellement construit (et nommé notion naturelle), qu'il est une catégorie politique. C'est dans ce sens que le terme de *genre* est prélevé de la grammaire et tend à se superposer au concept de sexe. Et c'est une terminologie qui se défend puisque le genre est l'indice linguistique de l'opposition entre les sexes.

Le genre en tant que concept, exactement comme sexe, comme homme, comme femme, est un instrument qui sert à constituer le discours du contrat social, en tant qu'hétérosexuel.

Dans la théorie moderne, y compris dans les présupposés des disciplines orientées exclusivement sur le langage, on garde la division classique du monde en deux, le concret d'une part, l'abstrait de l'autre. La réalité physique ou sociale et le langage sont déconnectés. Il y a d'un côté le réel et le référent et de l'autre le langage. Cela fonctionne comme si la relation au langage n'était qu'une relation de fonction et non pas de transformation. Il y a parfois une confusion qui s'établit entre le signifié et le référent au point qu'ils sont même confondus dans certains écrits critiques. Ou bien on réduit le signifié à une série de messages qui relaient le référent, considéré comme le seul support du sens. Parmi les linguistes, Bakhtine, un contemporain des formalistes russes dont l'œuvre a été connue beaucoup plus tard, est le seul qui me semble avoir une approche matérialiste du langage. En sociolinguistique, il y a des développements qui vont dans ce sens, surtout dans les dernières années, parmi les sociologues féministes.

Je dis que même les catégories abstraites et philosophiques agissent sur le réel en tant que social. Le langage projette des faisceaux de réalité sur le corps social. Il l'emboutit et le façonne violemment. Les corps des acteurs sociaux, par exemple, sont formés par le langage abstrait aussi bien que par le langage non abstrait. Car il y a une plastie du langage sur le réel.

Pour ce qui est du genre donc, il n'est pas seulement nécessaire de déloger de la grammaire et de la linguistique une catégorie sociologique qui n'ose pas dire son nom. Il est aussi nécessaire d'examiner comment le genre fonctionne dans le langage, comment le genre agit sur le langage avant même d'examiner comment, de là, il agit sur ses utilisateurs.

Le genre s'inscrit dans une catégorie de langage qui ne ressemble à aucune autre et qu'on appelle le pronom personnel. Les pronoms personnels sont les seules instances linguistiques qui, dans le discours, désignent les locuteurs et les situations de discours qu'ils occupent successivement. Ils sont aussi les moyens de passage et d'accès au langage. Et c'est en ce sens – qu'ils représentent des personnes – qu'ils nous intéressent ici. C'est sans aucune espèce de questionnement préalable (sans possibilité de questionnement) que les pronoms personnels mettent en œuvre le genre en quelque sorte à travers tout le langage, le modèlent dans leurs déplacements tout naturellement pour ainsi dire, dans le discours, les parleries, les traits philosophiques. Et dans le même mouvement qu'ils sont instrumentaux et qu'ils activent la notion de genre, ils dissimulent le genre et le font passer inaperçu. Comme ils ne sont pas eux-mêmes marqués par le genre dans leurs formes subjectives (sauf dans le cas de la troisième personne), ils sont à même de porter la notion de genre, tout en étant là pour remplir une autre fonction. Tout se passe comme si le genre n'affectait pas les pronoms personnels, ne faisait pas partie de leur structure et n'était qu'un détail de leurs formes associées.

Mais en réalité, aussitôt qu'il y a un locuteur qui actualise le discours, aussitôt qu'il y a un *je*, il y a manifestation du genre. C'est une manifestation d'une sorte particulière et unique dans le langage car aussitôt que le genre apparaît, il se produit comme une sorte de suspens, une mise entre parenthèses de la forme grammaticale, une autre dimension de réalité émerge là, car le locuteur est directement interpellé. Le locuteur est appelé en personne. Dans l'ordre des pronoms le locuteur intervient sans médiation dans *son propre sexe*, c'est-à-dire quand le locuteur appartient au sexe marqué sociologi-quement (forcé à se manifester lexicalement). On sait qu'en fran-çais avec le pronom *je*, on doit marquer le genre dès qu'on l'utilise en relation avec des participes passés et des adjectifs. La marque est de telle sorte que quoique les grammairiens décrivent deux genres, le masculin et le féminin, elle ne s'applique de fait qu'au féminin. Le masculin dans ses applications pratiques, c'est-à-dire sinon de droit du moins de fait, opère des glissements systématiques (qui prennent place quelquefois dans la même phrase) du masculin à ce qui n'a jamais été défini grammaticalement en français et qui en certaines langues est appelé le neutre (en anglais et en allemand). Je l'appelle le général. En grammaire, il y a une notion vague qu'on appelle l'indéfini. Elle convient aussi en ce sens qu'elle veut dire ce que le genre n'a pas défini. Ce *il*, *ils*, est plus que l'impersonnel, c'est le pronom sujet dont le référent est au-delà des sexes : *on,* une personne abstraite qui vaut pour tout l'humain, les humains en général. Or les grammairiens appellent ce genre « masculin » dans la pratique, tendant ainsi par contamination grammaticale et sémantique à faire du genre masculin un genre non marqué par le genre, versant du côté de l'universel et de l'abstrait. Voir chez les linguistes la notion de générique. Tandis que le féminin porte la marque du genre et ne peut jamais être au-delà des genres. Le féminin (et lui seul) est le concret dans le langage et est rempli du sens de l'analogie *a priori* entre le genre et le féminin/sexe/nature. C'est ainsi que sous la pression de cette marque (qui on le comprend ne relève pas seulement de la grammaire), le locuteur doit, même en anglais où il n'y a aucune obligation grammaticale d'accord du féminin avec les adjectifs et les participes passés, quand il s'agit de *je* et de *tu* (mais dans ce cas il utilisera un certain nombre de clauses), rendre son sexe public, c'est-à-dire si *il* – le locuteur – est aussi un *elle*. Car le genre est la mise en vigueur de la catégorie de sexe dans le langage, il a la même fonction que la déclaration de sexe dans le statut civil. On voit donc que le genre ne se borne pas à se manifester à la troisième personne et que le traitement de la catégorie de sexe dans le langage est loin de toucher uniquement la troisième personne des pronoms personnels en grammaire. Sous la dénomination de genre, la catégorie de sexe imprègne tout le corps du langage et force chaque locuteur s'il en est une, à proclamer son sexe physique (sociologique), c'est-a-dire à apparaître dans le langage, représenté sous une forme concrète et non sous la forme abstraite que la généralisation nécessite, celle que tout locuteur masculin a le droit inquestionnable d'utiliser. La forme abstraite, le général, l'universel, c'est bien ce que le prétendu genre masculin grammatical veut dire. Historiquement, on peut constater que la classe des hommes s'est approprié l'universel et la possibilité de le manipuler à son compte sans qu'il semble même y avoir abus de pouvoir, en somme « naturellement ». Il faut bien comprendre que les hommes ne sont pas nés avec une capacité pour l'universel qui ferait défaut aux femmes à la naissance, réduites qu'elles seraient par constitution au

spécifique et au particulier. Que l'universel ait été approprié historiquement, soit. Mais un fait de telle importance en ce qui concerne
l'humanité n'est pas fait une fois pour toutes. Il se refait, se fait sans
cesse, à chaque moment, il a besoin de la contribution active, *hic et
nunc*, de l'ensemble des locuteurs pour prendre effet sans relâche.
Il s'agit d'un acte perpétré par une classe contre l'autre et c'est un
acte criminel. Ainsi donc, des crimes sont commis dans le langage
au plan des concepts, en philosophie et en politique. Car le genre,
en imposant aux femmes l'utilisation d'une catégorie particulière,
représente une mesure de domination et de contrôle. Le genre nuit
énormément aux femmes dans l'exercice du langage. Mais il y a plus.
Le genre est ontologiquement (puisqu'il est d'abord une catégorie
ontologique) totalement impossible, impraticable. La preuve de
cette impossibilité ne peut se trouver que dans son lieu de pratique.
Le langage quand on en fait exercice, met aux prises deux moda-
lités qui s'annulent. Il y a d'une part, le fait constaté par exemple par
Benveniste, que l'exercice du langage (la locution) fonde le sujet
en tant que sujet, en tant que sujet absolu de son discours et que,
d'autre part, il y a une manœuvre, une entourloupette appelée genre
qui, au moment même où *je* se constitue – par la pratique du langage
– par ce même langage, le déni lui est donné, car le genre tente
d'établir par ce biais une division dans l'être même, tente d'évacuer
de la souveraineté du sujet, le sujet qu'il marque, d'en faire non plus
un sujet absolu mais un sujet relatif. C'est ce qui est impossible dans
l'exercice du langage. Parler, dire *je*, se réapproprier tout le langage,
ne peut se faire que par un *je* entier, total, universel, sans genre.
Sans quoi il n'y a pas de parler possible. Un sujet relatif ne pourrait pas parler du tout sauf à se faire l'écho, à pratiquer un langage
de perroquet, emprunté. Car en dépit de la dure loi du genre et de
son forçage systématique, la possibilité de dire *je*, c'est pour tous
les individus la possibilité de se parler, de se concevoir au-delà des
genres. Mais la farce ontologique qui consiste à essayer de diviser
l'être dans le langage en lui imposant une marque, la manœuvre
conceptuelle qui consiste à arracher aux individus marqués ce qui

leur appartient de droit, le langage, doivent cesser. Il faut donc détruire le genre totalement. Cette entreprise a tous les moyens de s'accomplir à travers l'exercice même du langage.

Employer un mot, l'écrire ou le parler a sur la réalité matérielle un impact, un effet, comparables à celui d'un outil sur un matériau. Un mot agit par sa matérialité : le mot écrit touche le lecteur, la parole frappe l'auditeur, et cela même si pour avoir un effet durable le mot doit avoir un sens puisque le signifié prend forme dans le signifiant ; on ne peut pas les dissocier dans leurs effets, signifié et signifiant ne sont plus qu'un dans cette forme matérielle qui agit. Si minime que soit cette action, par la réaction qu'elle provoque, elle opère une transformation (mais ce peut être également une énorme transformation). Chacun de nous est la « somme » des transformations effectuées par les mots. Nous sommes à ce point des êtres sociaux que même notre physique est transformé (ou plutôt formé) par le discours – par la somme des mots qui s'accumulent en nous. Et ceci est vrai de toutes les catégories d'individus. Le souci de ces effets des mots, l'économie des transformations qu'ils sont à même d'opérer, font partie des travaux qui se mènent dans le chantier littéraire. Un écrivain comme Sarraute est très conscient que le langage, loin d'être un reflet « des choses » et de la réalité sociale, est en quelque sorte ce qui la traite (« bien sûr vous l'y trouvez dans la réalité puisque vous l'y avez mis ») et même ce qui la crée. Toute son œuvre nous confronte à nos fabrications et ce qui s'écrit, c'est ce qui y résiste. La plus belle fabrication – et littéraire celle-là – c'est l'amour, l'Amour comme on voudra.

Certains mots, loin d'être isolés, débarquent dans le chantier littéraire comme de vrais corps d'armée avec tous ceux qui les entraînent à leur suite et les rêveries qu'ils suscitent ne procurent pas toujours de l'agrément. Tels sont femme, homme, sexe et tout leur arsenal. D'autres qui appartiennent au même arsenal bougent moins lourdement, ce sont les pronoms personnels qui mettent en place le genre. Et même, à les regarder de plus près, ce sont de bonnes machines de guerre puisque c'est par eux que s'opère

l'exécution du sexe, c'est par eux que le sexe est forcé sur ses utilisateurs. Ce sont des mots qui bougent bien, se déplacent bien de
par leurs fonctions. Plus que les lourds substantifs, ils semblent
pliables.

Ils constituent des entités, des abstractions, à la fois des chiffres,
des signifiants et des signifiés absolus (en ce sens que sans eux le
langage n'a pas de sens, ne peut pas procéder). En eux, on peut
trouver peut-être un exemple de ce que j'avançais plus haut : que
le signifié appartient également à l'ordre matériel. Et c'est en ceci
qu'ils sont des machines de guerre, qui fonctionnent sur la dupli-
cité comme le cheval de Troie. On pourrait dire d'eux qu'ils sont à
la fois signifiés purs et signifiants purs. On les appelle d'ailleurs des
« personnes grammaticales », formule qui résume bien leur ambiguïté. Qu'il me soit permis de mentionner ici que les pronoms
personnels et impersonnels sont le sujet, la matière de tous mes
livres. Par ces mêmes mots qui établissent et contrôlent le genre
dans le langage, il me semble qu'il est possible de le remettre en
question dans son emploi, voire de le rendre caduc. Cette modification qui est infime du point de vue du signifiant (elle concerne
quelques lettres, à peine si elles peuvent former une syllabe) est
pourtant si centrale que la mettre en place définitivement ne pourrait pas se faire sans transformer le langage dans son entier. Cette
modification touche des mots dont les sens et les formes sont associés avec la notion de genre, évidemment. Mais elle touche aussi
des mots qui en sont le plus éloignés aussi bien. Car une fois que
la dimension de la personne, autour de laquelle toutes les autres
s'organisent, est mise en jeu, rien ne reste intouché dans le langage.
Les mots, leurs dispositions, leur arrangement, leurs relations,
l'entière nébuleuse de leurs constellations, basculent, se déportent,
s'engouffrent dans le non-dit, changent leur orientation, sont mis la
tête en bas. Et s'ils peuvent réapparaître touchés par le changement
minime mais structurel, ils semblent différents. Ils sont touchés
à la fois dans leur sens et dans leurs formes, leur coloration et leur
musique.

Le projet de *L'Opoponax* donc était de travailler autour de ce que j'appellerai un pronom indéfini (non marqué par le genre) avec un thème, l'enfance, qui se prête bien (comme on dit les romans d'apprentissage) à l'apprentissage d'une forme qui soit au-delà des genres. D'un point de vue philosophique, ce procédé très lourd, massif dans son application, m'a permis de faire tendre au général, à l'universel pour tout un groupe qui, dans le langage, est relégué à une sous-catégorie. Avec ce pronom qui n'a ni genre ni nombre, je pouvais situer les caractères du roman en dehors de la division sociale des sexes et l'annuler pendant la durée du livre. En français, la forme associée avec *on* dans les participes passés et les adjectifs est un indéfini. Les grammairiens, par un de ces glissements que j'ai déjà signalés, l'appellent la forme masculine du singulier. *On* a été pour moi la clef qui m'a donné l'accès à un langage dont rien (et surtout par le genre) ne vient troubler l'usage et l'exercice, comme ça se passe dans l'enfance quand les mots sont magiques, quand les mots brillants et bigarrés sont secoués dans le kaléidoscope du monde, opérant toutes sortes de révolutions dans la conscience au fur et à mesure qu'on les secoue. *On* se prête à nommer l'expérience unique que fait chaque locuteur quand il dit *je* et qu'il se réapproprie tout le langage, pour réorganiser à chaque fois le monde suivant son point de vue. Si j'en crois ce que Claude Simon a écrit de *L'Opoponax*, la tentative d'universalisation, à partir d'un groupe marqué, au moyen d'un pronom personnel indéfini, (plutôt que de dire qu'il s'agit d'un genre masculin) a réussi. Dans *L'Express*, à la sortie du livre, il a écrit en parlant du caractère principal de *L'Opoponax*, une petite fille : « Je regarde, je respire, je mâche à travers ses yeux, sa bouche, ses mains, sa peau... Je deviens l'enfance. »

Une tentative qui va dans le même sens avec le *elles* collectif pluriel constitue le pari de *Guérillères* (non encore gagné ou perdu). Cette fois, la tentative d'universalisation a été faite à partir de *elles* qui a forte partie contre le *ils* (les humains), qui est généralement le pronom pluriel employé en ce sens. La seule façon de faire a été d'établir *elles* comme le sujet humain absolu avec élimination de toute autre variante dans les deux premiers tiers du livre (ce qui a forcé à bouleverser la chronologie du récit et fait intervenir le début à la fin). Je parlais plus haut du choc que les mots portent et avec *elles* j'ai tablé sur le choc porté au lecteur d'un récit entièrement conjugué par *elles*, sur le fait que la présence unique et souveraine de *elles* comme sujet, constitue un assaut sur le lecteur. Je ne vais pas ici entrer dans le détail de tout ce que ce partipris, ce procédé, a exigé de la forme. Je veux simplement indiquer que la direction vers laquelle j'ai tendu avec ce *elles* universel n'a pas été vers la féminisation du monde (sujet d'horreur aussi bien que sa masculinisation) mais que j'ai essayé de rendre les catégories de sexe obsolètes dans le langage.

Mes dernières remarques sur la question de genre portent sur la façon même dont le présent texte est écrit et par conséquent sur ce que les grammairiens ont appelé l'indéfini (ils ont appliqué cette notion de façon limitée). Quand je dis *l'écrivain* et quand je dis *il* en le rapportant à l'écrivain (ou *les écrivains, ils*) grammaticalement, dans un sens strict, j'emploie un masculin. Pourtant, il ne peut s'agir qu'abusivement d'un masculin, c'est un masculin par appropriation. De même que quand on dit *l'homme*, ou *les hommes ils,* dans le sens de *les êtres humains ils*, il ne peut s'agir d'un masculin que par appropriation. Car, dans ce cas, on a affaire plutôt à un indéfini de sexe (c'est un général, un générique) qui peut porter la marque du nombre mais pas la marque du genre, car il la subsume. Ce qui veut dire que la tendance actuelle (comme dans *écrivaine* adopté récemment) me paraît non pas aller vers un dépassement des genres comme il est souhaitable si on veut les voir abolir, mais d'une part aller vers son renforcement, et d'autre part, perdre (en ce qui concerne la catégorie sociologique des femmes) le droit à la généralisation et à l'abstraction qui est virtuel (sinon appliqué) dans les nombreux textes scientifiques qui traitent de *l'homme* (car *homo sum*) puisque *homme*, signifie d'abord être *humain* et seulement par dérivation, *mâle biologique*. Si ces textes opèrent par glissements, et passent très vite et, quelquefois, dans la même phrase, et en tout cas dans la même étude, du général au particulier masculin, spécialement dans les textes anthropologiques et ethnologiques, la solution tactique actuellement me semble d'être, comme certains de nous le sont, vigilants par rapport à ces glissements et de multiplier, quand il s'agit du genre féminin, les occasions de le subsumer par l'indéfini, de le faire verser du côté du générique. Tant il est vrai que l'emploi de *il, ils* (on, les êtres humains) n'a pas le même sens quand il rassemble tout l'humain sous son appellation ou quand il ne rassemble qu'une moitié de l'humain, qu'un seul sexe. Ce ne peut être qu'une solution provisoire (en français comme en anglais) car il est possible que *il, ils, l'homme* ne puissent jamais être employés de façon satisfaisante pour désigner l'humain en général à cause de leur lourdeur idéologique et de leur propension à verser du côté du sens vers la classe dominante des hommes, d'autant plus aisément que ce qui les désigne, leurs délégations lexicales, ce sont ces mêmes *il* et *ils* que le genre ne parvient pas à marquer sinon par analogie et comme après coup. La solution finale est bien évidemment de supprimer le genre (en tant que catégorie de sexe) de la langue, une fois pour toutes, décision qui demande un consensus et qui demande forcément un changement de forme. Ce type de changement de forme n'est pas à la portée d'un écrivain particulier et n'est pas de l'ordre du néologisme simple. C'est une transformation qui changera la langue et ses catégories philosophiques. Pratiquement, elle aurait un impact encore plus grand que le fait de cesser de répertorier les êtres humains par sexe dans le statut civil et elle toucherait à toutes les dimensions de l'expression humaine (littéraire, politique, philosophique, scientifique).

10.
Quelques remarques sur Les Guérillères

Un livre devrait pouvoir se passer de tout commentaire de la part de celui qui l'a écrit puisque les éléments pour le lire sont incorporés dans le texte. Cependant, j'aimerais donner quelques précisions sur *Les Guérillères* en marge des interprétations qui en ont été faites.

Dans le mouvement de retournement sur un texte auquel je ne travaillerai plus, je me situe dans ce que j'appelle le point de vue du critique, le point de vue d'après. Mais ce point de vue critique n'est pas tout à fait le même que celui du critique qui n'a pas écrit le livre. Car il partage après coup le point de vue d'avant, quand il n'y avait que la page blanche. Et c'est donc un double mouvement critique que celui de l'écrivain : quand il écrit, il est dans l'avant travaillant sa matière, par moments coupé apparemment de tout, faisant face à de l'inconnu, mais de temps à autre, au cours de son travail, émergeant pour porter sur ce qu'il est en train de faire un regard critique, un regard d'après. C'est une sorte de va-et-vient dont il est difficile de garder les traces exactes, sauf pour ceux qui gardent des carnets de travail. Ensuite après que le livre a atteint une limite de travail, quand il est publié, qu'on le commente, en somme l'écrivain ne dispose plus tout à fait de son texte, mais il peut le regarder avec ce double mouvement critique, cette fois à rebours.

Si on me demandait comment décrire *Les Guérillères*, je dirais qu'il s'agit d'un poème épique, que c'est un collage, qu'on ne peut pas lui attribuer de genre, en dehors du mouvement épique donné par le rythme, l'action, et les caractères. Et à ce propos, je voudrais rappeler que Brecht, en guerre contre la dramaturgie classique, « aristotélicienne », comme il disait, a introduit au théâtre une dimension épique, « révolutionnaire », que le théâtre n'avait jamais eue et qui semble contraire à tout l'art dramatique, mais qui a cet avantage de présenter au spectateur une forme ouverte, non achevée, sur laquelle il peut immédiatement exercer sa critique, agir. Je voudrais aussi rappeler la réflexion du cinéaste Jean-Marie Straub sur ce qu'il décrit comme art « lacunaire » avec une homologie tirée du *Littré*, un terme de minéralogie : « Corps lacunaire, corps composé de cristaux agglomérés qui laissent entre eux des inter-valles. » Il emploie ce terme à propos de l'écriture cinématogra-phique. Appliquée à l'écriture littéraire cette désignation indique pour moi le fait de créer des intervalles, de trouer la phrase au niveau grammatical, de déstabiliser l'ordre convenu du discours.

Du côté littéraire, l'intertextualité comme on dit couramment à présent, après Kristeva, c'est pour mon travail l'intertexte créé par les écrivains du Nouveau Roman. À les nommer ensemble il ne faut pas oublier que leurs procédés sont très différents et qu'il y a autant d'arts poétiques que d'écrivains. Ce qui importe c'est que chacun d'eux s'est essayé à créer des formes romanesques nouvelles à une époque où, en France, le roman semblait destiné à mourir. À tel point que quand Sartre a écrit une préface pour *Le Portrait d'un inconnu*, il a appelé ce roman un anti-roman, alors que Sarraute travaillait à renouveler les formes du roman. Sarraute, Beckett, Butor, Pinget, Ollier, Robbe-Grillet, Simon ont changé la forme du roman français. Il s'agit de la chronologie du roman, des caractères, de l'intrigue, du sujet, des descriptions et des formes du récit. Et ce sont ces écrivains qui m'ont appris mon métier.

Un mouvement, une dynamique épiques, une écriture lacunaire, inscrits dans leur contexte historique, c'est ce qui apparaît d'abord dans *Les Guérillères*. Le livre est composé de fragments distribués en trois parties, chaque partie est précédée d'un cercle épais au centre d'une page blanche. Il y a aussi une liste de prénoms, écrits en lettres capitales, qui se répartissent de cinq pages en cinq pages, toujours sur la page de droite et situés comme les cercles au milieu d'une page blanche. Cette liste est ouverte et fermée par un poème écrit dans les mêmes caractères. Enfin le titre du livre est un néologisme.

Après cette description générale un peu sèche, il me faut me transporter dans un espace où le livre n'existe pas encore. Il s'agit de la page blanche, un espace que j'appelle le chantier littéraire par homologie avec ce qu'on appelle l'atelier du peintre. C'est là que se confrontent le point de vue d'avant et le point de vue d'après. D'un côté, c'est l'étrangeté produite par le séjour prolongé dans le chantier littéraire, une expérience partagée par tous les écrivains. De l'autre la bibliothèque, c'est-à-dire la compagnie des livres qu'on aime. Il y a aussi ceux qu'on n'aime pas. Comme tous mes livres mais plus peut-être qu'aucun autre, *Les Guérillères* est composé d'éléments complètement hétérogènes, de fragments de toutes sortes, pris un peu partout, qu'il a fallu faire tenir ensemble pour former un livre.

L'élément constitutif est un pronom, le pronom personnel pluriel de la troisième personne, *elles*. Il est utilisé ici comme un personnage. D'ordinaire un personnage de roman représente une entité singulière. Mais ici d'emblée une entité collective s'est développée dans le chantier littéraire et a pris toute la place du récit. La forme que ce *elles* a imposée bien que composée de fragments a été longtemps linéaire dans mon travail. Et cette première série de fragments est tombée lors du dernier montage des *Guérillères*. C'est ce que j'appelle un texte parasite.

J'ai eu besoin d'un nouveau départ. Il ne me restait plus guère dans le chantier que l'entité collective *elles* et un *momentum* comparable à la « si parfaite fureur » qui annonçait sur bande rouge le livre de Francis Ponge *Pour un Malherbe*. Cette fureur, ce mouvement, c'étaient le moteur du livre encore inexistant et dans tous les stades du travail j'ai essayé de les maintenir, par exemple dans le rythme du livre. Dans ce vide du chantier la forme matérielle de l'objet m'a aidée. Un livre est fait de deux côtés, la page de droite et la page de gauche qui peuvent se trouver dans un rapport dialectique. La page de gauche est devenue pour moi la page où mon propre texte pouvait se développer et la page de droite est devenue la page de l'histoire. Chaque page donc devait être écrite parallèlement mais en même temps, en conflit l'une avec l'autre de chaque côté de la pliure.

Une période d'écriture chaotique a suivi où la page de gauche consacrée à l'histoire a été submergée par toutes sortes de textes (de Lacan, Freud, Lévi-Strauss et de beaucoup d'autres que j'ai oubliés). La tension entre la page de droite et la page de gauche où le texte *per se* devait se développer a été si forte que j'ai dû renoncer à toute l'entreprise. J'ai donc tenté de maintenir autrement le *momentum* qui m'était nécessaire. J'ai écrit la phrase « il faut que cet ordre soit rompu » pour en faire un titre courant par-dessus les pages de gauche et de droite. Elle aurait eu pour fonction de produire chaque fragment de texte. Encore un essai infructueux.

Une fois de plus, c'est le vide dans le chantier. Il ne me reste plus que mon colérique *elles* et le souvenir d'une chanson épique que j'ai citée longuement dans *L'Opoponax* : « Au grant palais de la sale pavée estait Guibors s'ot l'aubert endousée le haime au cief et au costé l'espée ainc n'i ot dame ne fust le jor armée. » Il s'agit de *La Chanson de Guillaume d'Orange*. Il y a aussi les labyrinthes en forme de cercles que je dessine comme nouveaux éléments constitutifs. J'imagine *elles* perdues dans ces labyrinthes concentriques (c'est cette incertitude de leur démarche, ce qui va correspondre à la première partie des *Guérillères*). Et peu à peu le cercle se vide de son labyrinthe pour devenir une simple ligne circulaire.

Ce tâtonnement autour d'un personnage collectif, autour de *La Chanson de Guillaume d'Orange* et autour de la forme géométrique circulaire m'a menée vers le genre épique, c'est-à-dire vers le cycle des *Guérillères*. « Cycle : [...] lat, *cyclus*, du gr. *kuklos* [...]

(1839). Littér. Série de poèmes épiques ou romanesques se déroulant autour d'un même sujet et où l'on retrouve plus ou moins les mêmes personnages [...] » (*Petit Robert*). « Œuvres [...] groupées autour d'un seul fait, d'un héros unique [...] » (*Petit Larousse*). La forme épique qui à présent s'impose à moi donne tout d'un coup un contour à mon projet mais aussi de la force. J'ai le héros, *elles* ; j'ai aussi le fait dont je parlerai plus tard. *Elles* a pris une nouvelle dimension, *elles* est mise en mouvement, *elles* est activée par cette forme.

À partir de ce moment-là, j'écris très vite ce que je sais déjà être la dernière partie du texte. C'est la dernière partie parce qu'il y intervient un élément jusque-là absent, également un pronom comme entité collective, un pronom qui ne peut pas être présent dès l'entrée du livre, puisque justement je joue sur son absence pour donner au *elles* sa dimension héroïque, et en tant que telle sa dimension universelle. Cette dernière partie concerne la guerre ou plutôt la guérilla entre *elles* et *ils*. Et je dois l'écrire en premier parce que c'est la partie la plus violente du texte. Elle me permet de prendre la mesure du pronom *elles* en tant que personnage collectif. Je cherche à lui donner textuellement une force telle qu'il puisse faire basculer le pronom *ils* en tant que général, à connotation masculine et lui dérober son universalité, au moins dans l'espace de ce texte.

Il y a une autre raison textuelle pour écrire en premier la partie guerre et qui est aussi une question de mesure. Cela a à voir avec le fait déjà mentionné, propre à l'épopée, c'est-à-dire la geste. Ici c'est le renversement comme il est dit dans le dernier poème : « CE QUI EST À ÉCRIRE VIOLENCE... GESTE RENVERSEMENT. » Pour ce fait, pour cette geste, il faut trouver un rythme, un vocabulaire et même une certaine sorte de figures rhétoriques qui vont motiver tout le cours du livre (un travail à rebours). Le rythme est tributaire avant tout de la façon dont le texte est fragmenté. Ici il n'y a pas de fluidité, pas de lien entre les séquences. L'effet recherché est de souffle court, de rapidité, comme dans une bataille, comme quand des pieds nombreux frappent le sol. Le vocabulaire doit être concret, précis. L'accent est mis sur les termes techniques, quand besoin est. Par exemple les termes anatomiques qui décrivent les organes sexuels sont prélevés de manuels donnés à l'école de médecine. Les mots sont également choisis pour leur aspect, pour leur son. Pour moi, ils doivent être lourds, grossiers. Et il y a un autre facteur qui entre en jeu, c'est la façon dont ils se tiennent, une fois qu'ils sont associés. En effet cette disposition peut être à l'origine de l'effet de choc, de surprise que le lecteur est en droit d'attendre de tout nouveau livre.

Quant aux figures rhétoriques, j'indique en passant leur importance poétique, politique. Dans l'avant, dans la page blanche elles sont choisies à l'aveugle et reconnues comme telles dans l'après, c'est-à- dire ce point de vue critique de l'écrivain, déjà détaché de son travail, que j'ai mentionné plus haut. Par exemple en écrivant *L'Opoponax*, je cherchais à trouer la phrase, pour obtenir cet effet décrit par Jean-Marie Straub. La litote sous toutes les formes possibles donne sa forme à ce livre, y compris dans le choix des textes étrangers qui y sont incorporés. Il n'y a pas de litotes dans *Les Guérillères*. Par contre, on y trouve de très nombreuses prétéritions surtout dans la deuxième partie, telle celle-ci : « Elles ne disent pas que les vulves sont comme les soleils noirs dans la nuit éclatante. » Ou encore : « Elles ne disent pas que les vulves dans leurs formes elliptiques sont à comparer aux soleils, aux planètes, aux galaxies innombrables. » C'est une façon ironique de se défaire des féminaires de la première partie. Ces féminaires ambigus où sont répertoriés tous les termes décrivant les vulves ne servent plus maintenant, dans cette deuxième partie, qu'à informer et amuser les petites filles. Néanmoins le texte cherche à garder quelque éclat poétique de ses négations mêmes, des glanures propres à revêtir le héros *elles*, comme à un autre niveau le jeu sur les déesses. Les prétéritions servent aussi à mettre en garde le lecteur quant à une lecture linéaire du texte. Le cercle a aussi cette fonction. Ainsi que certains fragments de texte : « Elles disent qu'à partir du moment où les féminaires font défaut elles peuvent se reporter à ce temps où... elles ont fait la guerre. » La guerre est déjà faite dans cette deuxième partie. Pourtant elle est encore à venir dans le texte. Car dans un texte de fiction on peut être comme ici à la fois dans le présent, le futur et le passé.

Pour en revenir au texte matriciel, à cette section des *Guérillères* écrite en premier, elle devient la dernière partie du texte, la fin textuelle du livre. Mais chronologiquement elle constitue le commencement de l'action et le début du récit parce que le livre est écrit à l'envers. Il faut donc aussi le lire à l'envers, d'où l'importance du cercle comme *modus operandi* (il tourne sur lui même pour rejoindre le début du texte). La phrase de Pascal et de Marie de Gournay, située dans la deuxième partie du livre, donne une description générale de son aspect : « C'est virtuellement la sphère infinie dont le centre est partout, la circonférence nulle part. » Le cercle apparaît trois fois dans *Les Guérillères* et indique comment le livre se développe chronologiquement et formellement. Il sert aussi à diviser le livre en trois parties. Et son sens change chaque fois. Le premier cercle correspond à l'émergence hors du labyrinthe, de la vieille culture ; le deuxième donne la façon de fonctionner du texte ; le troisième est celui de la geste, du renversement, du poème épique.

Pourquoi une telle composition où la fin du texte est le début de l'action ? S'agit-il d'un procédé pour déconcerter le lecteur ? Non, il s'agit d'une nécessité, d'une stratégie textuelle. Mon but a été de faire que le *elles* arrive comme un choc pour le lecteur, comme une surprise puisqu'*elles* tient tout le récit il doit s'en suivre une sorte de désorientation. Le lecteur entre dans un livre et se trouve confronté avec un *elles* qui n'est pas familier, pas ordinaire et qui est nouveau et héroïque. En tout cas, c'est ce qui m'a guidée et l'espoir que ce *elles* pourrait situer le lecteur dans un espace au-delà des catégories de sexe pour la durée du livre. C'est peut-être ici que réside l'utopie.

Dans la première partie *elles* a déjà mis le monde sens dessus dessous. La guerre appartient au passé. *Elles* cherche sa voie à travers le labyrinthe d'une culture morte, de signes anciens, de représentations, récits, faits, histoires, symboles anciens. *Elles* s'exalte soi-même dans des « féminaires », *elles* se prend au piège du narcissisme ou admiration de soi-même. Mais *elles* continue et se dépasse. Dans la deuxième partie *elles* détruit les féminaires et les remplace par le « grand registre », toujours ouvert dans lequel *elles* peut à tout moment écrire des faits, des noms, des dates, des histoires. C'est le livre dans le livre, celui qui met en abyme *Les Guérillères*. Cette deuxième partie n'est pas seulement une partie intermédiaire par sa situation mais par sa fonction : elle va et vient du futur au passé tout en assurant son propre récit. À la fois elle prépare le lecteur pour une guerre qui a déjà eu lieu chronologiquement mais pas textuellement et elle décrit la modification des conceptions naïves des guérillères telles qu'elles étaient juste après la guerre, c'est-à-dire dans la première partie. On peut dire qu'il y a le récit à rebours tel que je l'ai indiqué et par l'intermédiaire de cette partie un récit sousjacent qui indique une contre-chronologie, c'est-à-dire la projection d'un développement linéaire, celui du texte. Et dans cette partie il y a des séquences instables, libres, flottantes qui pourraient aussi bien se situer dans la première ou dans la dernière partie. Cette partie intermédiaire n'est pas le centre du livre puisqu'« il est partout ».

Dans les anciennes chansons épiques il y avait toujours une dimension surréelle, surnaturelle avec apparitions de personnages légendaires. Ce procédé s'appelle le merveilleux chrétien. Il a une fonction poétique qui est d'agrandir les héros de la fable. *Les Guérillères* n'aurait pas été une épopée sans son propre élément de merveilleux. Mais ici il s'agit d'un merveilleux païen, avec l'apparition de déesses qui ont de ce fait une fonction décorative. Elles ont aussi comme dans le merveilleux chrétien la fonction poétique d'ajouter une dimension aux héroïnes de la fable qui glanent quelque gloire, non pas de la possibilité des déesses mais de leur description ; car comme en peinture elle ajoute une couche de plus au récit. Cependant les séquences de dénigrement, ironiques, qui prêtent à rire, sont assez nombreuses pour avertir le lecteur qu'il a affaire à des déesses de papier.

Avant que le livre prenne l'aspect qu'il a maintenant, j'ai dû littéralement étaler sur le sol tous les fragments de texte découpés et me livrer à un montage impitoyable durant lequel j'ai bien failli, une fois de plus, le perdre. C'est à ce moment-là que le texte parasite déjà mentionné est tombé (il a été publié plus tard sous le titre « Une partie de campagne » dans la revue *Nouveau Commerce*). Tout s'est mis en place après cette opération chirurgicale. La page de droite, la page de l'histoire qui a connu bien des avatars (dont un qui rendait hommage à Brecht avec ses pancartes de scène), s'est extrêmement simplifiée pour finir avec une succession de noms de cinq pages en cinq pages, un cortège qui traverse le livre, représentant les guérillères comme venant du monde entier.

Je ne peux pas finir cette description sans mentionner un processus assez compliqué qui a eu lieu au moment de l'écriture : l'enchâssement dans *Les Guérillères* d'un grand nombre de textes étrangers, effectué de telle sorte que le lecteur ne puisse pas les reconnaître. Il y a aussi des références simples à Nerval, Rimbaud, Hegel, Mallarmé par exemple.

J'ai voulu décrire certains aspects du bâti du livre pour montrer que je l'ai écrit comme une épopée moderne. On peut être surpris que cet article paraisse dans un numéro de revue consacré à l'utopie. Mais je ne vois pas de contradiction essentielle. Je ne suis pas en mesure de dire si une épopée peut être en même temps une utopie. Mais étant donné que le livre ne se passe nulle part et que l'action décrite n'a jamais eu lieu, la question se pose. Je la laisse posée pour les spécialistes de l'utopie.

Récemment paru
aux Éditions Amsterdam

C. L. R. James
Histoire des révoltes panafricaines

Gatien Elie
La Plaine. Récits de travailleurs du productivisme agricole

Collectif
La Catastrophe invisible. Histoire sociale de l'héroïne

Gérard Bras
Les Voies du peuple. Éléments d'une histoire conceptuelle

Judith Butler
Le Pouvoir des mots. Discours de haine et politique du performatif
(Nouvelle édition)

Takiji Kobayashi
Le Propriétaire absent

À paraître

David Faroult
Godard. Inventions d'un cinéma politique (1966-1973)

Sam Bourcier
Queer Zones Redux

Wendy Brown
Défaire le dèmos. Le néolibéralisme, une révolution furtive

Achevé d'imprimer
pour le compte des Éditions Amsterdam
par les presses de la Nouvelle imprimerie Laballery
en janvier 2021

Numéro d'impression 101619

Dépôt légal à parution